Seadove

Seadove

佛洛伊德的

性學三論

寫給所有年輕人的性啟蒙書

金賽博士解說

因為此書，性學才會出現在人們的日常生活之中！

說到性與愛，就拋不開佛洛伊德的理論！

佛洛伊德的經典之作，揭露了人性中最重要、最隱蔽、謬誤最多的一面。

佛洛伊德◎著　李慧泉◎譯

譯者序

作為精神分析學派的鼻祖，提起西格蒙德・佛洛伊德，人們馬上就會聯想到的作品恐非《夢的解析》莫屬，但如果你對精神分析領域稍有涉獵，肯定也會對另一部著作印象深刻，這就是被譽為重要性與《夢的解析》等量齊觀的《愛情心理學》（也曾譯名《性學三論》）。

《愛情心理學》於一九〇五年首次面世，是佛洛伊德開性學先河之作。在這部作品中，佛洛伊德運用精神分析法，結合實際病例，對人類從幼兒期到青春期的性發展進行了梳理，以性的對象、目的以及表現方法等方面為著眼點，對性的問題進行有系統的分析、研究。

與佛洛伊德以往作品不同的是，《愛情心理學》的文字更為簡明易懂，而其中對人類性欲，尤其是幼兒性欲的直白描述，更使得該書一面世，就遭到了保守主義者們的嚴厲抨擊。但這一切都無法遮蓋這部心理學巨著的光芒，其後數年間的多次再版，充分說明了它的受眾之廣，而其影響之深更刷新了西方社會對「性」的認知。直至今日，書中提到的對兒童性教育的重要性仍對人類社會有著振聾發聵的作用。

本書為金賽點評版，正文由「性學三論」和「愛情心理學」兩部分組成。其中「性學三論」共分三章，分別為性變態、兒童的性欲望和青春期的變化。主要闡述了性變態的類型以及它與心理疾病患者之間的關係，幼兒性欲的來源、表現還有青春期性幼兒性活動的一系列變化以及佛氏著名的原欲理論。第二部分也就是愛情心理學，對男人畸戀的特殊類型、精神性陽痿、處女禁忌之謎以及文明社會的性道德對人類的影響作了精彩分析。

值得一提的是，有別於以往版本，本書的一大特點是添加了美國「性革命之父」阿爾弗萊德・金賽的經典語句作為點評。

作為曾在美國性學領域內引爆核彈級影響的大師，金賽與佛洛伊德思想精粹的交鋒，必會為讀者帶來全新的閱讀體驗。而這種理性的對峙，也更有助於我們對佛洛伊德的性學觀點作出更客觀、更深刻的理解。

目錄
CONTENTS

—第二部分：愛情心理學—

—第一部分：性學三論—

第一章　性變態

在生物學中，人們通常用「性本能」這個專業辭彙來描述動物界和人類社會中對性的需求這一現象。

性需求與飢腸轆轆時尋求食物的需求是相同的。但是到目前為止，在現存的詞語中，我們尚無法找出一個特別恰當的詞語來形容這種類似於飢餓時覓食需求的性需求。不過，人類卻自認為很明白這種性需求背後的原因和實質。

通常，大多數人認為人在年幼時並沒有性需求，這種需求是在一個人進入青春期後，伴隨著個體性發育逐步完善而顯現出來的，而且，該需求的最終指向是完成兩性的結合，或形成有利於兩性結合的條件，因此它只會發生於異性間那種不可思議的、絕無僅有的互相吸引中。不過，眾多事實已經向我們證明，上面的說法根本無法成立。如果再仔細想一想，我們不難看出該論點是如何斷章取義，且不全面考慮便輕率地作出判斷的。

在這裏，我們要引入兩個詞語以便更好地進行科學研究：一是「性對象」，即具有且能夠展現出性誘惑的人；二是「性目的」，即性需求或性衝動想達到的結果。

結合上面幾點，我們便找到了自己的研究方向：著重關注與性對象和性目的相關的性變態現象，並探究性變態與性正常的區別與關聯。

第一節 「性對象」的變異

我們可以經由一個古老的傳說來探知一般人是怎樣看待性衝動的。據傳，初始的人並沒有性別差異，大家都同屬於一個性別，直到後來產生了男性和女性，才將性別一分為二。異性間互相誘惑、互相吸引，在歷經多番努力之後再一次融為一體。

此看法一直深入人心。正因如此，當普通人聞知一些男性的愛侶是男性，女性的性伴侶是女性，而非異性時，他們就感到很不理解。為此，我們將此類只愛戀同性，而非異性的人稱之為「同性戀者」。若想在表述上更為精準，我們也能夠稱此類人為「性倒錯者」（inverts）。到目前為止，對於已存的同性戀者數量我們尚無法準確估算，但可以肯定的是，這不會是一個小數目。

同性戀（也稱性對象的顛倒，性倒錯）

依據同性戀者在性對象顛倒過程中所展露出的不同行為，我們可以將性倒錯者劃分為三種類型。

一、絕對的同性戀。此類同性戀者的性對象始終且只能是同性。對於此類同性戀者來說，異性不僅絲毫不能引起他們的性衝動，甚至還可能導致他們對於異性產生反感，基於此反感之上的是，此類同性戀者無法與普通人一樣做出正常的兩性交合，即使勉強為之，也體會不到任何樂趣。因此，無論如何，異性絕對不可能成為此類同性戀的性衝動對象。

二、雙性戀。此類性倒錯者對同性和異性均可能有性衝動，且自身無確切的表徵。

三、偶爾同性戀者。當存在一些特別情況時，尤其是在正常的性需求得不到滿足時，此類同性戀者能夠以同性替代異性為性對象，繼而得到性滿足。

即便在同性戀人群中，針對於此類特殊性需求也存在著許多不一樣的解釋。有人認為正如普通人會滿足自身的性欲一樣，這些性倒錯者對於自己性欲的滿足也是無可厚非的，而且理應讓他們享受到這種權益。也有人提出，性倒錯現象乃是一種情不自禁發生的變態情形，針對該情形，性倒錯者應該盡其所能消除自身的同性戀行為。①

人類遺傳了動物的生理能力，對任何一種足夠的刺激都可以做出相應的反應，所以，在人類中也有同性性行為。

——金賽

另外，同性戀在病症發作的時間上也有差別。有些人的發病時間可能會早於他能夠有記憶的年齡，也有人在他進入青春期之後才可能表現出來。②這些症狀也許會伴隨一生，也許會作為人生成長階段的匆匆過客，在持續一段時間後銷聲匿跡。還有些人是不停地轉換於正常者與性倒錯者之間的特殊人群。但最不可思議的是，一些性倒錯者是這樣產生的：他們在自己和異性交合時引發了某種很痛苦的經歷，繼而轉為性倒錯者。一般來說，上述的各種性倒錯行為之間不可能出現互相牽扯的關係。這種牽扯唯有在極為特殊的情形下才有可能出現並一直持續下去，而且通常情況下，處於此類極不尋常狀態下的人們對自身的情形都極為滿足。

很多研究者往往只是指出上述不同患者之間的區別，卻避而不談這些不同類型患者之間的共同之處，更沒有將上述眾多情形歸納總結為同一類型，其目的是為了在性倒錯領域研究出區別於他人的成果。但是，無論研究者們如何區別上述各種情形，佔據大多數的還是中間人群。因此，人們對這些現象的區分可能反而會給自身的研究工作帶來麻煩。

性倒錯的原因

同性戀或許是天生的心理變異所導致的結果，這也是我們談及造成同性戀的原因時首先就會想到的。醫師們發現，那些具有同性戀傾向的患者往往來自於那些最初被診斷為有心理疾病，或具有心理疾病患者徵兆的人。針對這種想法，我們要對其中的兩個因素進行探究和驗證，這就是退化（degeneration）和天性。

退化

「退化」本身及其在各個領域的濫用已經遭到了大家的諸多反對。過去，人們對將那些無法歸類於創傷性和感染性疾病的原因推給「退化」的做法習以為常，在瑪格南（Magenan）對「退化」種類的劃分中，就連處於人類最頂端的心智甚至也可能接近「退化」的邊緣。就該情形而言，「退化」本身已無法再表達其原有的意思，也無法正常運用。起碼以下兩種情形，我認為不適合被歸類於「退化」。

第一，假設所有現象中，過分遠離常態的表現尚不多見；第二，假設生活及生存能力仍然保存完好。③

下面這些事實讓我們確認，若依照以上兩種情形進行比對，同性戀者不一定要被歸類於「退化」者。

一、相比於普通人而言，同性戀者在其他方面並沒有什麼不同。

> 我們必須指出的是，沒有什麼特殊激素可以促使人們投入到同性性行為中，也沒有什麼特殊的遺傳因子會如此。
>
> ——金賽

二、在某些心智功能不僅沒有缺陷，且在智慧和品行人格方面均有高成就的人身上，往往也會出現性倒錯現象。④

三、如果我們能放開眼界，擴大思考範圍，擺脫來自診療經驗的局限分析性倒錯現象，就可以得出以下論斷，從而避免將此現象歸類於「退化」的危險：（一）事實告訴我們，在古代文明帝國的文化高度發展的巔峰時期會產生大量同性戀者，且他們的出現常常被賦予巨大的價值。（二）依布洛赫（Bloch）認為，「退化」一般僅適用於文明高度發展時期，但性倒錯現象卻充斥於前文明時期的氏族部落。同樣，種族的差異、氣候的不同，還有同性戀者在社會中的處境，都會強烈地牽制著這種現象的佈局，縱然是處於文明頂端的歐洲也不例外。⑤

本性

如果說「同性戀是與生俱來的」，我們也只是由第一種類型，即「絕對的同性戀」才能推導得出。正如這類性倒錯者所說：「從小時候開始，我就從未用別的形式展露過自己的性興奮」。而這也是我們上述推論的依據。

> 有些學者認為，同性性行為是因為當事人幼年時過分依賴父、母親，也有人認為是因為性發育停滯在嬰幼兒時期的某一階段，也有人認為是因為神經病態或精神病態，也有人認為是因為道德敗壞，還有許多哲學方面的解釋。但是以上的觀點全部都沒有足夠的科學論證。
>
> ——金賽

就「性倒錯現象是與生俱來的」這個論斷而言，它僅來自於我們對完全的性倒錯者形成緣由的推斷，且該說法的唯一證據也只是來自於當事人自己的說辭。

其實，「性倒錯者與生俱來」的這種說法基本不能說明後兩類患者的患病緣由，特別是最後一類。如果我們仍然不放棄此推論，那麼必然會引起「絕對的同性戀」與後兩種同性戀類型脫節，甚至同性戀這一概念的統一性也將遭到破壞。即使這樣，一些同性戀者的成因也不是天生的，而是另有原因。有些研究者認為：「同性戀」僅是某些人的性興奮在青春期時形成的一種偏好。他們提出了以下幾個論點：

一、我們能夠看到，數量眾多的同性戀（包括某些絕對的同性戀者）在他們之前的經歷中都遭到過某種深刻的性畫面刺激，該刺激在他們身上遺留下唯一的、難以消退的印象，便是同性傾向。

二、我們還發現：對於一些同性戀而言，來自於外部的一些鼓勵性的和壓抑性的事件對他們造成了很大的影響。此類事件發生於他們的孩童時代或成人之後，如長時間與性倒錯者共處，互為戰友，或服刑期間遭遇同性戀者，考慮到兩性交配的不安全，孤身一人，性能力差等，進一步地鞏固了他們的同性戀傾向。

三、催眠術能夠「治療」性倒錯這一事實表明，若性倒錯是與生俱來的，則該方法也無能為力。

以上三點表明：「性倒錯是與生俱來的」這一說法，很難經得起人們的推敲。我們之所以質疑這種說法的緣由是：若把之前那些被認定為天生的同性戀者的經歷再次拿出來細細推敲，也許能夠得出，他們在孩童時代的某種經歷會決定他們的原欲[6]走向的結論。雖說他們現在已無法復述這些經歷，但是，如果透過適當的方式，依舊能夠喚醒他們的這些記憶（艾里斯也有類似的看法）。就該研究者的分析而言：同性戀是一種社會中常見的異常現象，這種現象不外乎是因為患者在成長的過程中遭遇到一些外界因素的干擾導致的。這位專家的意見看似簡明而確定，然而細細推敲，我們會發現：即便有些人在孩童時代曾遭遇過誘姦，彼此手淫等諸如此類性危害的干擾，然而他們在成年之後也沒有成為（或未必一直是）同性戀者。

所以，我們必須承認，不管是與生俱來的原因，還是外界因素的干擾，都無法成為說明同性戀現象的唯一原因。

正如上面的分析所說，就同性戀現象的實質而言，無論是與生俱來的因素，還是外界干擾的因素都無法單獨而確切地說明這一實質。當我們以「同性戀是天生的」這一理由來說明這種現象時，我們不得不考慮，什麼是與生俱來？這種與生俱來的性倒錯包含了哪些方面？否則我們只能相信這一最惡劣的說法：一些人與生俱來的性衝動，只是針對某一類性對象而言的。

而所謂外界因素干擾的解釋，同樣也不盡如人意。試想一個人自身並無一點天性的偏好，那麼，即使有再多明確而實在的外界因素的干擾，也是無濟於事的。

雙性理論

繼弗蘭克・李茲頓（FrankLydston）、基爾南（Kier-nan）和薛瓦利（Cheralier）等人就同性戀現象的原因提出見解之後，又有人提出了一系列不同的解釋。然而不同與以往的那種認為某人非男即女的觀點，這是一種絕對與眾不同的解釋。

研究證明，當我們用生理學的眼光來看待某些人時，會很難區分他們的性別，因為從他們擁有的性器官很難判定他們是男是女。我們將這些同時擁有男人和女人生殖器官的人，稱為雙性人或陰陽人。而對於一些極其特別的雙性人，他們的兩種生殖器官都發育得非常良好，我們稱他們為真性陰陽人。

就一般情形而言，雙性生殖器官的發展都並不完全。⑦但正是透過該異常情況，我們才在不經意間發現了一般的發育階段的實質。因此，就外部特徵而言，一定範圍內的兩性偏好是不足為奇的。幾乎所有的男性或女性都遺留有異性器官的蹤影，只是有的轉變為能夠派上其他用場，有的則附著於身體，別無它用。

這些早為人們所熟知的解剖學理論，會讓我們聯想到一個模糊的現象：人類在剛開始的時候是兩性同體，只是在以後的進化歷程中不斷發展才慢慢變成了單性，在這一過程中，其中的一性因受到阻礙而沒有得以發展，僅僅殘留下了一些痕跡。人們會自然而然地將上述聯想轉化到意識世界中，並將同性戀現象看作是雙性人的一種意識反應。不過，如果要證實上述假設，我們就不得不去探尋以下事件：同性戀患者無論是心理還是生理方面，必須要能尋找到雙性人存在的痕跡。

但是，上述假設都難以站得住腳。事實告訴我們，我們所說的心理意義和生理意義上的雙性人，兩者之間並無完全的連帶關係。的確，就同性戀而言，我們經常會看到他們出現性興奮降低的情況，時而還能發現他們在生理方面存在缺陷（艾里斯也有同樣的見解），不過，這樣的例子也是少之又少，且並不重要。同性戀根本不同於解剖學意義上的雙性人，這點我們一定要明白。有些人還刻意去強調一些特別不重要，甚至可以忽略的特徵，目的就在於將同性戀患者與正常人區分開來（艾里斯如是說）。

我們必須記得，這些不重要甚至可以忽略的特徵，本就可以從異性身上找到。許多人本身就擁有雙性的影子，不過他們卻沒有和同性戀患者一樣改變了他們的性取向。如果他們性取向的變化會影響到其心理方面的能力，如導致其顯而易見的異性特徵和性興奮的些許變異，那我們必須相信的確存在著心理上的雙性人，可事實並非如此。在實際生活中，只有女同性戀者才會發生這類性格上的轉變。對於男子而言，即使一些很有男子氣概的人身上也時常會發生同性戀的傾向。所以，如果所謂的心理上的雙性人真的確存在，那我們就不得不去證實，無論什麼時候都不會有例外的情況發生。

同樣，就我們所說的心理雙性特徵也是這樣的。不過，就像哈爾班敘述的那樣，從表層上看，某人早已消退的異性器官與其身上存在的那些不重要的性特徵，這兩者之間並無關聯。一位專門從事同性戀現象研究的男學者曾經用非常形象的話語概括了以上觀點中的陰陽人，他是這樣描述的：同性戀是男人的身上裝錯了女人的頭腦。不過，我們還是無法理解到底「女人的頭腦」是怎樣的。

就如上面所示，用生理學專用詞來替換心理學專用詞，不僅不準確且有畫蛇添足之嫌。此外，克拉夫特・伊賓為此所作的說明看似更為準確，可就本質上來說也差別不大。克拉夫特・伊賓認為，人身上的陰陽特徵不僅表現在生殖器官上，還能夠藉由雙性性腺影響大腦中樞，使之在個體成熟階段形成並刺激男女的兩種大腦中樞。儘管上述解釋中所說的發育起來的「男女神經中樞」，相比於那位學者所說的「男人與女人的腦子」看似更專業些，其實不然。而且我們尚且不能探知大腦中樞是否也如同言語神經中樞一般，有專門的大腦片區對應著特定的功能。無論如何，綜合上面的分析，可以得到以下兩點論斷：

第一，同性戀自身的確存在著陰陽人的特徵，但是，除生理學上的解釋以外，我們尚且不能瞭解它的組成部分。

第二，我們要分析的是性興奮在發育的階段中經常遭遇到的阻礙。

同性戀的性取向

那些承認心理雙性理論的學者指出，同性戀的性取向恰恰和一般人顛倒，男同性戀者將自己看作女性，認為男人的形態和智慧散發著無窮的魅力，極力想得到男性的撫慰。

縱然此類見解被大多數事實所印證，不過仍不能被視作同性戀患者的標誌。難以否定的事實告訴我們，很多男同性戀患者，不僅儀表堂堂，還相當有男子氣概，在他們身上幾乎找不到異性的特徵。同時，他們還成為了眾多純天然女人追求的目標。如果不是如此，又該如何理解，從古至今，那些男性性服務者總是以女性為參照，濃妝豔抹，故作嬌態，從而取悅那些同性戀者。假設我們承認上述心理雙性論學者的見解是正確的，那麼看到如此打扮的男伎們，男同性戀者可能

不管是在男性或是女性中，都有一些人既有指向同性別個體的性反應和性活動，也有指向異性別個體的。

——金賽

就要逃之夭夭了。

在古希臘時期曾流傳著這樣一種說法，同性戀患者通常是一些最勇猛的男性，他們的性對象是某個男孩，誠然，男孩的男性特徵還吸引不了他們，但男孩身上透露出來的那些女孩的嬌羞、嫻淑、純真、惹人愛憐卻能打動他們。不過，當這個男孩逐漸成熟起來，他不僅不會再被同性戀者當作目標，甚至還可能成為他們中的一員，喜歡上某個同樣具有女孩氣質的男孩。如上所說，他們的性對象並非只是同性，更多的是擁有雙性特質的人。雙性特質的人是他們在既渴求男人又渴求女人的掙扎中求得的一種妥協，當然，不管怎樣都要有一個前提，那就是這個性對象必須具有男人的體態（生殖器官）⑧。

女同性戀者的情形相對男性來說，則更明朗一些。在女同性戀患者中處於主動地位的人，具有更加明顯的男性外形和意識，而她嚮往的目標也一定充滿溫柔嫻熟的女人味。但是，縱然是這樣，只要我們堅持詳盡的探尋，依然可以發現巨大的區別。

> 天主教認為性的唯一功能是生殖，從這一觀念出發，它把男性或女性和動物的性行為看作是反天性的，是罪惡的慾念，是一種變態。
>
> ——金賽

同性戀的性目的

以下現實是我們必須承認的：就同性戀而言，他們的性目的也千差萬別。就男同性戀而言，進行肛交的其實很少，他們多以為彼此手淫為主。對於他們的性目的，人們更願意將它看作是自戀，而不是異性戀。就女同性戀而言，雖說她們的性目的是多樣的，但可能主要還是以口交的方式為主。

總結

即使到目前為止，就我們所瞭解的一切尚不能恰當地說明同性戀現象的根本原因，不過可喜的是，經過上述的一系列分析，我們獲得了比完全解釋這個現象更有意義的成果：分析問題的視角。

我們發現，似乎早先我們將更多的注意力集中在了性本能與性對象上，而從這些同性戀患者的身上，我們意識到這樣的事實：我們應該更全面地看待事實，而不是將所有的精力都用在常態下的性本能和性對象的聯繫上。由此，我們也意識到原來性本能和性對象是可以分開來說的，或許，性本能和性對象全然沒有聯繫，同樣，性衝動的產生也不可能源於性對象的挑逗。

性對象是動物或處於性發育期的兒童（所謂的「戀獸癖」或「戀童癖」）

同性戀者除了在性對象上不同於一般人外，其他方面基本上都與一般人無異。不過這一觀點卻不適用於那些只以兒童（處於性發育期者）為其交配目標的人。很明顯，這些人處於一種極為少見的變態狀態之下。這些變態者，也許是因為他們自身就是陽痿者；也許是因為他們欲望強烈，但卻不能控制自己的欲望，又一時無法尋覓到合適的對象，因此孩子就成了無辜的受害者。無疑，上述變態的狀態讓我們進一步認識到了性的本質，也讓我們觀察到了更多的性本能，甚至是這樣無恥的本能。相對而言，因飢餓而表現出來的本能則顯得正常很多，至少不會為了滿足本能而淪落到無恥的地步。至於那些與動物交配的人（其中有很多從事農業生產的人），則不得不讓我們有了這樣的想法：性欲望如此經不住誘惑，以至於使交配突破了物種的界限。

站在美學的角度上，我們或許很期待將上述性變態行為歸結在精神方面存在障礙的患者身上，但是現實卻不是這樣的。我們必須承認，這些在精神方面存在障礙的患者，其性本能並不一定就會超出正常人或其他的種群和階級的範圍。很常見的例子是：我們時常能聽到老師或傭人性侵孩童的案例，這是因為老師與傭人接觸孩童的機會更多。事實上，僅僅精神方面存在障礙的患者只是在該類事件中顯得更為自由和欲罷不能。或許更為病態的是，他們的疾病使得他們更容易脫離普通的性滿足。

上述事例又進一步顯示出，在關於性的話題中，在精神方面存在障礙的患者和一般人並無太大的差異。同樣，這樣的事例也有進一步思考的價值。就此，我覺得：即使在正常情況下，高級的意識也難以控制性衝動。據觀察，一個在道德上，或在社會上有精神障礙的人，他的性生活也會有障礙；不過，好多在性生活方面有障礙的人，他們在其他方面（如精神）不僅和普通人差不多，而且也會隨著人類的進步而進步，只不過他們的性生活還始終處於落後狀態。

由上述的一系列分析，我們可以總結如下：對有些人來說，在很多場合中，性對象早已失去了價值和意義，而性本能中肯定還有很多我們尚未探知的、必要的組成部分⑨。

【注釋】

①同性戀者在同性戀行為中所表現出來的糾結程度（或者克制同性戀行為的意向），通常將會成為其是否能進行精神分析治療的決定性指標。——原注

②就同性戀現象的初發期來說，眾多學者認為同性戀者們說的時間往往並不可信。原因在於，在他們的腦海中往往會克制其最初對異性的情感跡象。我們利用精神分析法對同性戀者早期記憶中所忘卻的事件或事物進行再次激發，使他們遺失的片斷得到補充，從而驗證了此論斷。——原注

③歸結為「退化」的診斷，一般來說都沒有什麼意義，所以不可草率定論。莫比尤斯（Moebius）也認為「縱觀所有情形，將某些現象歸於『退化』的做法也是無事於補」。——原注

④縱觀古今，一般同性戀者，甚至絕對的同性戀者往往是一些社會地位特別出眾的人。——原注

⑤起初所有人都將同性戀看作某種疾病，直到後來，專家們才開始採用人類學的視角來看待它。之所以能有如此過渡，完全得益於布洛赫（Bloch）始終堅信古代文明社會中存在著眾多的同性戀者。——原注

⑥原欲在與「性」有關的術語中，指的是在深度的無意識層面裏，是性的原始驅動力。——譯者注

⑦特勞費（Traufi）、紐蓋堡（Neugcbauer）針對於雙性人的生理結構出版專門的書籍，可供參照。——原注

⑧循環上演著這種同性戀的現象。其實，正是因為始終拒絕女性才導致了他們對於男性無法自拔的渴望。精神分析學認為性倒錯者並非異類，而且最不贊成的就是將其從大眾中單獨提出來。就我們所觀察到的一些很不明顯透露的性衝動，可以看出，每個人都可以將性取向指向同類。其實，這樣的做法在我們的潛意識中已被探知。可以說，在我們一般人的現實生活中，對同性的渴望都能夠趕得上對異性的愛戀。而對於同性戀患者而言，這一點尤為顯著。不僅如此，精神分析學進一步提出，不管是在幼年時期、野蠻時代和古代初期，這種對男女都懷有渴望的性態度，都是一種更為基礎的情形。在此基礎上，加上發展過程中對其中一方偏好的遏制，最終才出現了後來的普通人和同性戀者。所以，以精神分析學的角度出發去研究某一正常男性只對女性有興趣的原因，將是一項非常有趣的、有價值的課題。該課題僅憑化學理論是無法解釋清楚的。就個人而言，之所以到性成熟階段才能確定其最終的性取向，這裏面肯定有不少因素的影響，而對此我們尚且無法完全探知。這些因素，或是來自自身，或是來自外界；當然某些案例中，往往是一兩個因素佔據了決定性的位置。通常來說，人性取向的紛繁複雜已經體現出了影響因素的多樣性。就同性戀而言，我們能夠觀察到，遠

古人的體質和意識範疇在他們身上有很大的作用，最明顯的標誌就是性取向的「自戀」和來自肛門的性取悅。不過，縱然將這種絕對的同性戀者用特殊體質的理由單列出來，自成一類，也無法讓我們去更深地認識他們。不過，他們身上的那種表現，在那些轉移型和看似性取向正常的人身上也能都探尋到。乍一看，他們之間存在著根本性的區別，不過，我們透過研究便會發現，同性戀者和他們之間只是程度上的區別。至於說導致他們的性取向變化的偶然原因，我們則必須關注一下「阻礙」經歷（孩童時期遇到的性挫折和害怕性生活）。還有一點非常重要，那就是其父母是否健在。同性戀現象極易出現在那些在人生初期失去勇猛父親的人身上。由此，我們必須認識到：性取向的轉變和解剖學上生殖器官的模稜兩可這兩者顯然是兩碼事。即便可能存在著些許關聯，更多的時候也是互不相關。

⑨在性事方面，古時候的人們和現在有很大的不同：不像現在的人們很注重性伴侶，以前的人們則更多地把性看成是本能的一面，他們認為本能是一切事物的來源，由此他們甚至崇尚一些低等的性對象，而現在的人們則輕視本能本身，僅僅在理想的對象出現時，才有性的衝動。——原注

第二節　性目的的變異

就一般意義上來講，人們所說的性交的目的大都是指雙方性器官的交合，這種交合能夠消滅人們對性的惶恐，在短時間內，使渴望性的火焰得到遏止（這種方式獲得的滿足如同飢餓獲得食物）。

然而，就算是很尋常的性活動，仍夾雜著些許其他行為；如果不能正常發展，就有可能導致一種性變態，我們稱之為性反常。例如，人們在性行為開始和結束後所做的某些如愛撫、注視等預備動作，全部是為了向性目的邁進，此類行為不僅會給雙方帶來愉悅，還會增加激情，一直會持續到人們達到性目的才終止。親吻也屬於接觸的一種形式，接吻時兩人唇部的黏膜互相接觸。嘴唇本身只是消化道的入口，不在性器官的範圍之列，然而在現代，許多國家的人們卻認為嘴唇對於性活動有很高的價值。

總的來說，這些夾雜在尋常性活動中的行為，已經成了聯繫性反常活動和正常性生活的紐帶，我們在分類時也可以以它為根據。性反常通常劃分為兩類：一、從解剖學的角度看，性活動時人們運用身體部位的變位；二、在雙方一起達到性目的之前，那本該較快完成的具有過渡意義的接觸，也會被延遲更長時間。

生理學上的變化

高估自己的性對象

人們在評估他們的性對象的時候，肯定不會僅僅停留在對方的性器官上（當然極個別的情況除外）。一般來說，一個人不但要關注其性對象身體的全部，還會關注他是否溫柔、浪漫等因素。這種高估自己的性對象的現象在心理智商方面也同樣會出現，最突出的表現就是人們幾乎喪失了判斷能力，盲目地覺得自己的性對象擁有完美無缺的人格，堅貞高潔的情操，總之眼中除了愛情什麼也看不到。這種對愛的盲目輕信，就算不屬於服從權威的心理模式之列，也稱得上是導致權威的一項很重要的因素①。

人們對性對象的高估，導致他們的性目的由原來的僅以性器接觸擴展到重視身體的其他部位②，這一點我們可以透過研究男人的性生活得到充分的證明。研究男人相對而言比較輕鬆，因為女性在這方面遭受過文明的壓制，另外還因為女性天性中的喜歡遮掩和撒謊，使她們仍然藏匿於層層帷帳之中③。

口唇黏膜的運用

只有一方的口唇或舌頭與另一方的性器相觸碰的時候，才被稱為性反常現象，而雙方口唇黏膜的觸碰並不屬於此類現象。我們把親吻看成是處於正常性行為和反常性行為之間的一個階段。當然，人們以嘴唇與性器接觸來獲得滿足的方式可謂經久不衰，可是對於一個厭惡這種方式的人來說，他會因為一想起便會嘔吐而拒絕做這種事情。其實人們所反感的事物的界限往往是由人們的習慣決定的，例如一個男人會很激烈地和一位美女接吻，然而，如果讓他使用這位美女的牙刷刷牙，他就會禁不住作嘔；儘管他的口腔不一定會比那個女子的乾淨，他卻每時每刻都使用著自己的口腔而不會有任何不適。

所以，我們所討論的其實是這樣一個問題：此類反感儘管可以阻礙原欲對於性對象的過度評價，卻很容易被原欲所毀滅。在作嘔的感覺裏可以發現一種抑制「性目的」的力量，這樣的力量一般不會指向性器官，但在某些特殊的情況下異性的性器官也會成為作嘔的對象。這就是歇斯底里症患者，特別是女性患者典型

> 通常情況下，女孩越接近青春期，父母就越會阻止她與異性接觸。禁止與異性親吻、有身體接觸和生殖器的裸露，尤其是發生性關係。
>
> ——金賽

的症狀。這種反感通常需要性本能產生的力量來克制（後文中會作詳細的論述）。

使用肛門

把肛門作為性目的的現象，由於人們的反感而受到巨大的阻礙，而且其受阻的程度要遠遠大於口腔黏膜的運用；當然，我這麼說並不是要為其辯護。人們之所以會反感這種行為，是因為覺得肛門是用來排泄的，時刻都和排泄物接觸，而在我看來，這與患歇斯底里症的女性因男性性器官也兼具排尿功能，就對其厭惡不已的情況相比，也好不到哪裡去。肛門黏膜在性方面的作用不僅表現在男人之間的性交上，所以對這種行為愛好與否並不能成為判斷一個人是不是性變態者的標準。而且，與之相反的是，在這樣的情況之下，「孌童」（可以取悅男子的兒童）會變得更加像個女人，而在純粹的同性戀者之間，最容易見到的性目的是相互手淫。

身體其他部分在性方面的作用

身體其他部分的重要性在性的角度上擴展到身體的其他地方，不管採用何種方式都很難為研究者帶來具有重要意義的資訊。而所有的這些方式只有一種用處，就是可以使人們更清楚地認識到，當性本能渴求性對象時會採用所有能夠想到的辦法。

變位的問題就解剖學來說，不僅是因為對性對象的過度評價，還由於另外一個值得討論卻鮮為人知的事物，即身體的某個地方，如口腔和肛門黏膜，由於人們經常把它們當作性器官使用，因此也經常把它們與性器官等同視之。這樣的想法是十分準確的，人們也可以用它來研究某些病症，這一點可以從今後對性本能發展問題的研究上得到證實。

性對象不恰當的替代物：戀物癖

讓我們饒有興趣地是下面這種情景：某些物品替代了性對象，該物品和性對象有關聯，但卻絕不適合被當作性目標。如果按照我們的方法進行劃分，這樣的現象其實應該被歸為和性對象有關聯的「變異」情形，但是，現在只能等到大家對「性的高估」的情形有了一些瞭解後再進行討論了，因為該情形是在丟棄性目標的基礎上，混合著毫無目的的熱情所促成的。

替代性對象的事物常常為身體的一些與性目標無關的部位，比如足踝，頭髮等，另外還可能是一些顯然和異性有關聯且具有濃烈性氣息的非生物類的物品，如衣衫的碎塊、紅色的肚兜等。這些物品可以被用來比作原始人類所崇尚的「物神」，因為神靈的確切模樣就是原始人通過這些物品想像出來的。在那些與戀物症距離越來越近的人群中，儘管有的人性目的不太正常，卻還不至於十分混亂；如果想要達到他們的性目的，其性對象就得具備一些與眾不同的條件，例如必須要有什麼顏色的頭髮，穿某種樣式的衣服，身體上必須有傷疤的痕跡等。他們對這些條件的迷戀程度和戀物症相差無幾，這看起來的確十分怪異，所以我們對它感興趣的程度是其他任何一種不正常的性衝動所不能比的。

我們可以推想，這些人一定是在渴求達到一般性目的的過程中遭遇了挫折（性器官的衰弱）④。就是一般生理健康的人，也可能會出現此類問題，他們經常會因為高估性對象，而把許多與之有關的問題都作過高的評價。所以，患有某種程度的戀物癖也不算什麼怪異的事，特別在剛開始向異性求婚的時候，此時離達到正常性目的還有很長一段距離。這就如同浮士德說的那樣：「我對她放在胸前的帶著香味的手帕也是那般的迷戀，還有她那滑過雙腿的似有若無的紗裙。」

當對物品的迷戀趨於固化甚至徹底替代了一般的性目的，或所迷戀之物和它的主人逐漸沒有了關係，而自身變為了性對象，這樣的情況才稱得上不正常。這一原則可以被用來區分性衝動的微小變異和完全不正常的病症。

人們在孩提時期獲得的印象較為深刻的性意識，通常會在對所迷戀的物品挑選上表露出來；畢耐特（Binet）首先認識到了這個現象。以後我們還要再舉出許多事例來論證這個問題。這個問題和俗語「難忘莫過於初戀」的意思有相近之處。人們在對性對象進行擇取的時候，即使會遭到引起戀物症的許多因素的限制，然而，孩提時期給他們留下的性意識仍舊會產生很重要的影響。後面我們還會詳細地探討這種意識的重要性⑤。除了這種情形之外，有些人用迷戀物來代替性對象的原因，大概來自於一種典型性思維，而這種思維或許連其本人都沒有意識到。人們不可能隨時都能掌握引起這種聯繫的因素。在神話中常常會看到一種非常原始的性的象徵，足踝就是這種性象徵之一。而人們對於毛皮的性幻想，可能是因為這會讓人聯想到性器官周圍的體毛，這樣的象徵意義很可能和幼年時的性意識有較大的關聯⑥。

對暫時性性目的的依戀

新意向的出現

抑制人們達到性目的的原因有很多，包括內在的和外在的，比如性能力減退、渴求性對象的艱難、性活動的風險等，這些原因都具有特別大的驅動力，它會使人們停滯在準備性活動中，而把這些活動轉變為新的性目的，並以此來代替正常的性目的。經過研究人們發現，無論這一新的性目的看起來有多麼新奇，它都早已存在於正常的性生活之中了。

> 很多人認為，他們可以經由視覺、嗅覺和味覺得到性刺激。但是實際上這些刺激和觸覺刺激的作用途徑不同，效果也不同。
>
> ——金賽

愛撫和目視

如果想要達到一般的性目的，就需要一段時間的愛撫。眾所周知，性伴侶之間相互愛撫肌膚會讓他們享受到無盡的快樂，使他們感受到不間斷的刺激。所以，只要能夠完成正常的性行為，那麼，在愛撫的過程中所作的停留，就不能被稱為不正常的性行為。

視覺上帶來的感覺和愛撫在本質上很相似。使人們達到性興奮最常見的、最一般的方法莫過於視覺感受，人們也經常依靠視覺來選擇性對象。這種帶有目的性的方式，也促使人們對性對象外表的選擇有較高的要求。隨著時代的進步，原本用來遮蓋身體部位的衣服也變得充滿了性意味，所以性對象會經常用無衣物遮掩的部位來博取異性的眼球。假如人們的注意力由性器官轉向身體的所有部位，這種心理就充滿了藝術性（我們把它叫作「昇華作用」）。這裏我們看到的是一種居間性的性目的，所有人都不同程度地存在一些喜歡看異性袒露胴體的偏好，這樣的方式確實可以把人們部分原欲，轉化到更高階段的藝術層面上去⑦。

不過，假如「視覺」的渴求受限於下面的範圍，就應當被歸類於性反常情

皮膚和體內某些深層神經是可以讓人有被觸摸的感覺，並且因此產生性反應的感受器官。一般稱這種感受器官非常集中的身體部位為「敏感帶」。男女間的親密愛撫，就是針對敏感帶。

——金賽

形：一、當視覺只停留在性器官上面；二、當視覺超出了一般人應當生厭的範疇（比如偷窺別人上廁所）；三、當這樣的視覺感受非但不可能讓人達到一般人應有的性目的，反而會抑制性激情的釋放。

由我在精神分析領域內探求的結果可知，上述第三項其實指的是那些經常把性器官袒露在外的喜好。導致患者有這種偏好的原因是，他們認為自己這樣做了以後，就會誘使其他人也把性器官袒露在他面前[8]。這種對其他人生殖器官的視覺偏好，和向其他人袒露自己性器官的性變態活動，是一種非常奇異的狀況，在今後要探討的性變異相關問題中，我們會對此給予越來越多的關注。在這種情況下，性目的會有主動和被動兩種表現形式，而促使人們減少窺視症並將之徹底拋棄的動力，大部分來源於人們對其產生的羞恥感（此處的羞恥，就是前面所提到的生厭）。

虐待狂和受虐狂

克拉夫特・伊賓認為性反常活動中有極其重要而又最易見的兩種偏好。一種是對性對象造成痛楚的偏好，伊賓把它稱之為虐待狂；另一種是感受性對象給自己帶來痛楚的偏好，伊賓稱之為受虐狂。前者為主動，後者為被動。而有一部分人則更偏愛稱這些偏好為「痛楚淫」；這個詞的意義略顯狹窄，它表明在痛楚和殘忍的感受中包含著樂趣。而伊賓所使用的詞則含有任意方式的羞辱和屈服所帶來的趣味。

一般人身上都很容易看出主動的性虐待來源的根基。眾所周知，大部分男性的情欲裏面都包含著某種程度的侵佔欲和征服欲。從生物學的角度講，如果一個男性不曾運用和求愛方式不同的方法來征服性對象，他就會感到沒有任何趣味，所以，我們所講的虐待狂，其實就是性本能當中具有侵佔意味的那部分分離出來並逐漸強大的結果，它是經過「轉換作用」而凸顯出來的一種形式。

倘若將虐待症這個詞語放在平常生活中理解，我們得到的幾種意義會存在很大的差異——或是略微積極和放縱的方式，或是非得讓對方徹底投降並讓他傷痕累累才能夠罷手的方式，簡直天差地別。嚴格來說，只有極端的做法方能被冠以性變態的名字。

同樣，名詞「受虐症」也包含了在性問題中每一個被虐者的被動地位。在那些極其特殊的案例中，受虐者的性欲望得到徹底釋放來自於自身受到的種種傷害；這種傷害既包括心理上的也包括生理上的。相比於虐待症

通常來說，人類男性也特別感興趣於虛構的、荒謬的性活動方式。所以，大量的討論和文學作品都在關注亂倫、變裝癖、極端形式的戀物癖、施虐—受虐狂，以及與動物的性接觸。事實上，真正會發生的情況絕對少於人們的猜測

——金賽

而言，受虐症這種性變態行為彷彿更加遠離了性這個目標，所以，我們完全可以提出我們的疑問：受虐症的種種表現是原本就存在的？還是虐待症的一個變種呢？⑨

我們很容易看出，受虐症只是一種以自我為目標的虐待症，也就是說，患者把自己當成了性對象。根據對那些比較偏向極端的受虐症患者的研究分析，我們找到了許多相互促進，並停留在原本的被動性態度之上的病症（比如閹割和良知感等）。與前面所提到的生厭感和羞恥感一樣，此處要忍受的痛苦感也是抑制原欲的力量。虐待症與受虐症對於性反常現象的研究有極其重要的作用，這裏面所涵蓋的關於主動和被動之間的鮮明對照，本就是性活動中經常可見的特質。

這種性本能和殘忍行為之間有極其密切的關聯，這一點自古以來就是顯而易見的事實。至今為止，在對這種聯繫的說明中，占主流地位的還是「原欲中侵略因素的強化」這一觀點。有些學者提出，本能之中所包含的侵略欲，是以前吃人這種習性所殘留下來的東西。換言之，這種使對方屈服的情形，同樣也可以使個體發展過程之中更深層次的本能欲望得到滿足。

同樣地，還有一些人提出，每種痛楚都可能包含著快感。而我們的探討進行到了這個地方也就基本結束了。我們已經意識到，我們還不能對此類性反常現象給予非常完美的說明，這大概是由於還有別的一些心智方面的因素在控制著這些行為。

這種性反常有一個很明顯的特殊之處，那就是它的主動和被動兩種性質常常體現在同一個人的身上。對於一個在性活動中因為性對象遭受痛苦而獲得快感的人而言，他也可以從自身的痛苦中得到快樂。這句話的意思就是說，一個虐待狂其實也是一個受虐狂，只不過一般情況下，他要麼是在某個主動的方面，要麼是在某個被動的方面表現得更充分，而這種表現就組成了他重要的性行為。

論述到此，我們知道，許多性反常活動都是以成雙成對的形式顯現出來的。這一點對於理論研究來說的確意義重大，其重要性在我們會在本書後面的內容中體現出來。到那個時候我們就會知道，虐待症和被虐待症之間強烈的對照，也不全部是侵略欲作用的結果。相反地，我們更傾向於把這種成雙成對出現的現象看作兩性活動中男性與女性性特徵的對比。經由精神分析法，我們可以把它們簡化為主動和被動之間的對比。

【注釋】

① 由此我們不免會聯想起被催眠的人在催眠過程之中對施術者百般服從的情形，而我們也會因此懷疑，催眠術的關鍵或許就是讓接受催眠者的原始欲望在受到性本能中某方面的殘忍對待之後，在潛意識之中對施術者產生百般的依戀。——原注

② 然而應該明確的是，高估性對象不見得會在對所有對象的抉擇之中出現。在下文中我們還會用另一個更突出

的例子來說明身體別的部位的重要性。對於這些除卻性器官之外的其他部位為何會引起人們對性產生興趣，豪赫和布洛赫曾經解釋為「進一步追求刺激」，然而我認為卻不是這樣，要知道，原始欲望的各部分之間都有很緊密的聯繫，所以或許會出現從一個部分轉向另一個部分的情形。——原注

③在特殊的情形之下，女性高估男性的可能性幾乎為零，然而當她們面對自己的孩子時，卻常常會表現出這種過分評估。——原注

④這種衰弱通常是指身體上的衰弱，但是藉由心理分析的方法可以探知，這種現象也可能是某些偶然因素所致，比如性意識在孩提時代因懼怕心理而遭到抑制，導致一個人扭曲了正常的性目的，繼而追逐別的替代物品。——原注

⑤如果我們對精神分析學作進一步的討論，就會看出畢耐特的理論還不能完全把我們的問題解釋清楚。許多在這方面的觀測都顯示，當一個患者第一次遇見他所迷戀的物品時，該物品一下子就具有了性的色彩，但我們卻無法憑藉當時患者所處的四周環境，對引起這樣的現象的原因作出分析。另外，這些「初期」性意識全產生在五、六歲以後。按照精神分析學的理論，我們對這種病態情形是否會在這麼晚才第一次形成固定模式產生了質疑。最可靠的解釋是：對於患者來說，在初次看見所迷戀的物品之前，在他們的記憶裏必定潛藏著已被他們忘卻的性意識的發展，而這樣的「迷戀物」好比一種可以遮蔽記憶的東西，象徵著那段時期的發展。幼兒初期的成長過程中會迷戀一些物品的原因，以及他們會迷戀哪種物品，這很可能於他們自身的體質有決定性的關係。——原注

⑥戀物症患者為何會把腳當成迷戀物？我們已從精神分析法上找到答案：像腳和頭髮這樣的部位都帶著很強烈的氣味，只有一個人完全忽略了這種讓人不舒服的味道體驗時，才會對它們產生迷戀。而迷戀足部的病患

者，恰恰就是把那些髒臭，即散發強烈刺激氣味的腳當作其性對象。關於對腳的迷戀，我們可以在幼兒的性啟蒙中找到其他一種解釋：女性是否具有男性生殖器是幼兒很感興趣的一個問題，他們會用「腳」來替代那種所謂的生殖器。此外，我們透過探查其他一些戀足癖的案例，還發現到了「視淫本能」的影響。那些由短裙底部往上至性器官部位的視淫過程，常常會由於外在的壓力或來自自身的控制影響而半途終止，所以，患者的視淫衝動就自然地放在了足部或鞋子的位置，在幼兒天真的心中，女性和男性的生殖器應該是沒什麼區別的。——原注

⑦對於這一點我深信不疑，即「美」的概念來源於性所帶來的興奮和刺激，它原來的意思應該是「能激發性感的事物」。德文中的「Reiz」一詞具有兩種意思，在特定的語境中被解釋為「興奮刺激」，但在日常生活中，則大多被解釋為「迷人」、「誘惑」。有意思的是，沒有人會認為性器官看起來很美觀，儘管它是最能挑逗起人們性刺激的。——原注

⑧根據我們的研究可以看出，造成這種性反常行為的原因很多。例如，袒露生殖器的偏好和閹割極為密切相關：袒露的同時能時刻展現他（男性）自身的性器官的完好無缺，同時也可以使他獲得一種看見女人沒有和他一樣生殖器的天真爛漫的滿足。——原注

⑨在經歷了一個漫長的階段之後，我對受虐症的認識已經和以前有了很大的不同。我針對人心結構和能影響人心的各種本能提出了一些假設，在這些假設的基礎之上，我認為應該把這種虐待症劃分為兩類：一、原本就存在的或表現為色情嗜好的受虐症，由此延伸出的是「女性的」和「柔和的」受虐症。二、那些未曾在日常生活當中得到發洩而把自身當作性對象的虐待症，會造成「後續性」的虐待症，疊加在原本就存在的受虐症之上。——原注

第三節　所有性變態一致的原則

性變態是不是一種疾病

對於那些專門從事性變態現象研究的醫生來說，他們往往會在開始時將該類異常情況當成是一種疾病或退化的表現。不過，相比於以這種想法來看待同性戀，此看法也許更不準確。

從生活經驗中我們可以得知，在一定程度上，這樣的症狀多多少少藏匿於普通人的性生活中，而且同樣也能夠長時間地徹底代替一個普通人正常的性生活，當然，也可以兩者同時存在，互不干擾。在現實中，我們尚不能找到這樣一個普通人：除了有一般的性生活外，再不探尋其他一些被視為性變態的附加性生活。那麼，既然性變態的界限如此模糊，我們又為何非要給它扣上變態的帽子呢？

在性生活這個領域中，就我們目前的能力而言，還無法準確地將正常的生理差異和變態的現象區分開來，不過，十分吸引人的是：有些時候，這些性變態的性對象會特別出人意料。再者，一些性變態事件與普通情況的差別大得驚人，以至於我們必須將其定義為「病態」。

由觀察到的一些特別的案例，我們可知，倘若性自身擺脫了一切束縛（比如羞怯、討厭、膽怯、苦痛等），便可能發生種種讓人咋舌的現象，例如姦屍、舌觸糞便等。不過縱然出現了此類狀況，我們也不應該就此認為作出這些行為的人肯定存在著意識障礙或變態。我們在現實生活中很容易看出，不少人除了在性方面存在問題以外，其餘的生活都很正常，這是因為「食色性也」中的性是最無法控制的。相反，有些人即使看上去一切正常，也可能會隱藏著一些變態行為。

一般來說，如果某人是性變態，就會被冠以患者的名義，這不是因為他們的性目標不同於他人，而是因為這種性行為是脫離於一般性行為範圍的一種表現。如果某人成長的環境只對性變態的發展有好處，那麼一般性的順利發展就會遭到阻礙，或者遭受打壓和擠兌。而該環境所產生的性變態現象中，就不可能再附屬於一般性行為（一般的性目標和性對象）。針對這種性變態現象，我們不妨將其命名為「病態」。換句話說，如果一種性變態行為不存在排外性和固定性，它就不能被稱為「病態」。

意識能力在性變態行為中的作用

據觀察，在一些最讓人噁心的性變態行為裏，最集中的意識能力往往會對性興奮的產生巨大的作用。事實上，所有這些讓人厭惡的案例，無一不是意識能力作用的結果。對這些人而言，性興奮在性行為中完全釋放的妙處絕對是無可厚非的，相比而言，可能再也沒有什麼性行為能比這些變態行為更好地讓我們探知到愛的絕對魔力了。就性而言，它原本就時時穿梭於最頂層與最底層之間（從天堂經人間到地獄），且緊密相連。

兩點總結

經過對性變態的分析，我們進一步瞭解到以下情況：性興奮不得不常常和那些意識控制能力或障礙進行較量，較量的內容主要集中於羞愧心理和噁心的感覺。大家都明白，這兩種意志原本都是控制性興奮的能力，使其處於一種人們可接受的狀況。倘若這兩種意識能力在某人的性興奮壯大起來之前已經有了十足的力量，那麼它們就能充分地控制某人的性興奮，進而促使其性生活走向正規①。

在漫長的歷史進程中，任何一個民族都如同捍衛自己的宗教信仰一樣，狂熱地捍衛著自己的慣例，而他們的道德體系也就決定了他們的生活習俗。性的慣例和道德體系自然也逃不出這個規律

——金賽

除此之外，我們多次強調過：就一些性變態行為，我們僅僅可以從許多因素交互的角度來看待，倘若我們能夠對其進行解釋或剖析，它必是一類綜合性的性興奮。這無疑給我們透露出一個資訊：性本能可能並不是一種成份，而可能反而是由很多不同的部分構成的。其中，可能是某個構成部分的性興奮，偶然失去綜合性興奮的控制，因而便產生了性變態。透過我們對該類事件的分析發現：完美的普通性生活來自於很多不可見的性興奮的交互作用②。

【注釋】

①換個角度看，諸如噁心感、羞愧感、道德心等精神控制力的成長，同樣有歷史的沉澱，它們可能是種群歷史進步過程中性生活接受外界控制的結果。我們總會看到這樣的情形，一旦這些精神控制力在某個人的發展的歷程中接受到來自外界的說教，或是某種力量的刺激，就會開始顯現它的作用。——原注

②我對於性變態性行為本源的看法如下：它的產生類似於戀物癖，在性變態行為正式形成之前，它就已短暫存在過。經由精神分析的事實我們得知，性變態行為源自於沒能擺脫俄狄浦斯情結所產生的後遺症，一旦這種情結被壓制，一個人原始性中最偏激的那部分將再次顯露。——原注

第四節　心理疾病患者的性興奮

精神分析

倘若我們要瞭解這些心理疾病患者的性興奮，我們的方法只此一種，也只有通過該方法，方能獲得一定的結果。或者可以說，如果要完全正確地治療這些心理疾病患者〔例如歇斯底里症、強迫症（obsesion）、無法命名的神經衰弱症（neurasthenia）、精神分裂症（dementiapre-cox）以及妄想症〕的性異常現象，唯有採取一八九三年由我和布勞爾（J.Breuer）兩人共同創造的精神分析法——「導瀉法」（Catbartuc）。

在此，我必須重申一下我早年間曾敘述過的一個看法：就我的觀察所得，這些心理疾病的形成，皆來源於性本身。不過這並不意味著性興奮的結果只能造成類似上述的「疾病」。我一再要說明的觀點是：性本能是心理疾病唯一且最終的來源。換句話說，性行為異常者的所有、多半或某些性行為，都可以在這些心理疾病中表現出來。我也曾說過，這些疾病表現就是患者性生活的反應。其中，最有力的證據來自於我在長達二十五年的歲月中對於歇斯底里症等心理疾病的治療。在這其間，我曾詳細報導過其中的幾個病例，今後，我會繼續將它們公佈出來①。

精神分析的事實說明，歇斯底里症雖僅為一個代替品，卻好似最原始的表現著與之緊密相關的一連串牽動人心的意識世界、期望和意願。

而這些期待以及意願之所以能造成歇斯底里症，原因就在於某種特別的外力的阻抗，使得它們沉澱下來，無法在自己的意識世界中得到發洩。

人們將自己的期待和意願壓制在心底，卻又因為情感的緣故，不得不將其表現出來，它們經過歇斯底里症的心理作用將其以身體的姿態呈現出來，這就是我們看到的歇斯底里症狀。倘若我們能利用一種巧妙的方法，以上述症狀為依據，依次倒退，把它送入精神世界，使其情感得到發洩，就能很容易找到這些原本處於潛伏狀態中的情感的性質和來源。

精神分析的結果

上述的精神分析為我們呈現出以下結果：歇斯底里心理疾病的表現是抓狂，

> 以我們的觀點來看：一個人一輩子的性活動模式，往往在青春期便已經初步定型了
>
> ——金賽

能量來源則是性興奮。該結果恰恰應證了歇斯底里心理疾病患者的表現和病因。從歇斯底里心理疾病患者的性格中，我們能很顯然看出他們不同於他人的性壓抑，也正是因為如此，才使得他們身上的羞愧心理和噁心感對於性的壓抑更為嚴重。所以，他們潛意識中始終不自覺地排斥著有關性的一切，後果自然已見分曉。在一些極其特殊的例子中，我們甚至可以看到，他們意識中基本上沒有性的存在，且這樣的狀態會始終延續，直到他們進入青春期。

即使上述情況是我們判斷歇斯底里症最明顯的標誌，但我們在研究初期仍會被歇斯底里症的另一種狀態，即對性的過度需求所迷惑。不過，它始終逃脫不了精神分析的法眼。因而，我們看到歇斯底里症實則是兩種心理狀態的明顯較量：一種是強烈的性飢渴，一種是絕對的性排斥。

如此，我們便解決了歇斯底里症的病因這一謎團。歇斯底里症患者最初的犯病期往往處在性成熟期或是受到外界因素影響之時，這是因為此時他們自身的性壓抑再也抵禦不了強烈的性衝動了。通常就在此時，他需要掙扎於性壓抑和性渴望這兩者的爭鬥之中，即使發病，也不代表這種矛盾已經消失。而欲望的釋放既是該病的表現，同樣也是逃離上述衝突的一種方法。

> 視覺、嗅覺、味覺、聽覺對性的刺激作用，也並非直接對於感受器官的生理刺激，而是由於當事者能有著從以往性經歷中獲取的性經驗。
>
> ——金賽

倘若某人（假設某個男性）患有歇斯底里症，而只因為一次情緒上的輕微變化（其衝突中心不是有關性的問題）就使他輕易犯病，一定會讓很多人大為驚訝。精神分析中早已說明，唯有衝突中心指向性問題，精神控制力才會失去以往的狀態，並可能因此而呈現出病症來。

性變態和心理疾病

那些對我的觀點持反對意見的人，也許認為那些從心理疾病中發現的性作用，僅僅是我碰巧遇到的一般性興奮罷了。不過，多年從事精神分析的經驗讓我無論如何都無法對此說法表示認同，因為事實證明，這些心理疾病絕不只是（或者不是完全的、肯定的）因為一般的性興奮造成的。

這些症狀體現出的，是那些可以明確地在精神世界或行為中展現出來的、意義更為寬泛的性變態的興奮。因此，上述心理疾病的表現也可被看作是性異常所付出的代價，或者，可以這樣說，心理疾病無不是性變態背面（被動性）的顯現[②]。當然，在我們經歷過的各種心理疾病中，性興奮的各種變化我們都曾見過，它們或是常態下的轉變，或是某種性問題疾病。

一、我們能在每一個患有心理疾病的人身上探尋到他對於同性那種固定的、強烈的性欲望傾向，同時我們還能感覺到他們在精神世界裏的性變態。不過因為無法進一步分析、談論，所以目前我們尚無法對這一點有深切的體會。這裏我只想進一步強調，那些患有歇斯底里症的男人，必然有性變態的偏好，且這種偏好會廣泛地參與到我們對歇斯底里症的解釋中③。

二、在心理疾病患者的潛意識中，我們能找到所有生理學上的變異，事實上，正是這種變異造成了患者的各種症狀。不過，其中最多的而且最主要的偏好，還是想把嘴和肛門當作生殖器官。

三、那種呈鮮明對比且成對出現的欲望，在許多心理疾病的組成成分中同樣很顯眼。顯而易見，某些心理疾病也附帶著別的性衝動，例如「視姦癖」、「暴露癖」以及虐待狂和受虐狂，這些性衝動始終控制著心理疾病患者的某些行為。由愛到恨，從朋友到敵人，都是部分心理疾病的表現，尤其是在那些妄想症中顯露得更為出眾，它們是被害妄想和欲望的交互作用的結果。

下面我們來看一些奇特的事實，它們會大大增加上述總結的趣味性：

一、倘若能在一個人的潛意識中探尋到某種與其對立面結伴出現的衝動，那麼就必然能夠找到它的敵對力量。換句話說，所有的主動性變態表現背後肯定有一個被動的表現和其相對。例如：某人如果是個有暴露癖的患者，那麼他肯定隱藏著「視姦癖」；同樣，一個藏匿著殘害衝動的人，也必然有期待被別人殘害這種偏好。這一事實的確讓人感到驚訝，不過，在所有的病例中，通常都是兩種衝動中的一種產生的作用更大。

二、在一些特別嚴重的心理疾病中，我們往往更常看到的是多個變態性興奮的交相呈現，而不僅僅是某個性變態心理在發揮作用。雖然在這些疾病中，我們幾乎可以看到所有性變態行為的蹤影，不過總會有某個行為表現得更為強烈。這些症狀使得我們能更進一步地去瞭解它，揭祕它不為人知的那面。

【注釋】

①心理疾病的發生源自於人本性中的欲望，與人自身對於這種欲望表現時所作的控制之間的、不可調和的矛盾。——原注

②性變態精神世界中真實的想像（或許會在適當的時候立刻轉成行為）、妄想症病人臆想出來的恐懼（實則來源於自身臆想到他人身上的惡意）、來自於歇斯底里症病人潛意識中的想像（精神分析法從這些病人表現出的症狀中研究得出的），三者在所有問題上都相互印證。——原注

③患有心理疾病的病人往往也伴隨著顯而易見的性變態，很多案例都顯示出他們對異性的情感被徹底抑制了。沒錯，我最初是因為受到了柏林的W・弗里斯的啟發，才開始關注到心理疾病中性變態存在的客觀性和一般性的，不過，在此之前，我在很多案例中也看到過這種狀況。這種現象到目前為止還沒有得到廣泛的關注，但其對所有有關性倒錯的理論都達到了至關重要的作用。——原注

第五節　局部興奮與快感部位

在確認了什麼是主動與被動並存的性變態以後，我們就可以很容易地理解：原來它們只不過是一批「局部興奮」。不過，與此有關的討論尚未就此終結，我們仍能夠繼續進行。

所謂的「本能」，顯然是發自身體卻顯現於意識的一種內部刺激。不過本能也不同於我們常說那種來自於某種外界因素所引發的刺激，它是意識世界的產物，與身體遭受的某種外界刺激並不相同。就其本質而言，我們可以假設本能是沒有明確涵義的，事實上，它也只不過是為測驗意識世界而出現的一種測量尺規罷了，至於本能這種興奮到底是怎樣的，它有怎樣的獨特屬性，則需要透過對產生這種衝動的肉體來源和不同目的進行分析才能找到答案。興奮常常產生於某個遭到刺激的器官，而興奮要達到的目標便是使得該器官得到放鬆並解除刺激。

在對本能進行解釋時，我想以下的假設也是必須要提及的：人類身體器官內部存在著兩種系統，它們因為化學作用不同所產生的感受也不同。其中一種系統能夠引起超量的刺激，即我們所說的「性」；它能夠波及到的身體內部的所有區域，即快感區域，而從這些區域中產生的性，我們稱之為「局部興奮」。

在一些性變態行為中，尤其是用嘴或肛門作為性事的主要器官時，因為快感得到了極大的發揮，幾乎使得它們好像生殖器官一樣難以辨別。歇斯底里症的患者在肉體上的個別器官發生如上轉換後，還常常明顯地伴隨著以下現象：這些器官內部皮膚上的神經似乎有了生殖器官的功能，從而達到了正常交合時所具有的快感。

對於歇斯底里症的病人來說，這些附屬的性器官（性器官的替代物）所引起的快感有著特別的作用。不過，這並不意味著對於其他的心理疾病來說它們就很次要。強迫症和妄想症患者的快感區域常常含糊不明，原因在於，就心理意義上來說，發病區域與上述性器官沒有任何關係，尤其是強迫症，它的衝動所創造出的性目的好像已經全然脫離了快感區域；然而這並不是事實。舉例來說，眼睛是「暴露癖」的快感區域，而在那些以殘害衝動為主的性生活中，則是以肌膚為其快感區域。當然，這些案例存在著一定的特殊性，一般而言，唯有肌膚中的一些特定的區域，方能經由一定的轉化，或聯合周圍的黏膜，構成非常的快感區域。

第六節　性變態行為多見於心理

疾病患者的原因

經過上述分析，我們或許會對心理疾病病人的性生活產生一些偏見，認為他們的性行為本來就是不正常的，脫離正規對於他們來說也是人之常情。的確，從更廣泛的意義上來說，心理疾病患者的身上不僅存在著巨大的性抑制和無法自制的性興奮，或許還存在著一些特殊的性變態行為。

我們並未從輕度心理疾病患者的研究中，找到證實他們有特殊的性變態行為的證據。或者，我們起碼可以說，這種特殊的性變態行為對於心理疾病的作用並不大，原因在於，不少病人發病的時間都是在經歷了青春期的正常性生活之後。那些隱藏於身體中的壓抑正是用來抵抗正常的性衝動的，而某些病症出現的時間推遲，大多是因為性欲無法得到正常的宣洩。在這種情況下，欲望就如前進道路上被阻隔的溪水，只有另闢蹊徑，才能滋潤周邊那乾涸的溝壑。因而，儘管不少心理疾病患者身上都能找到性變態行為（都是被動呈現），不過都是因為逼不得已。無論如何，相對於一般人而言，這些病人更需要找到這些乾涸的歧路。

其實，能導致某個原來健康的人，後來逐漸發展成性變態的原因有很多：這不僅是他的行動受到了拘束，不能找到健康的性對象，普通的性生活也遭到了打擊等外部因素造成的，還是由於他身體內部對於性的壓抑所導致的；性變態就是兩者共同作用的結果。

事實上，每位心理疾病患者的症狀都可能不盡相同。有些患者之所以會產生性異常，是源自於其本性，而有的患者則是像上面所說的那樣，是因為欲望在正常的性生活或性對象中得不到滿足，便走向歧路，但不管怎樣，都可以看出，那些走向極端的心理疾病往往是因為該患者的肉體和精神都指向了同一個偏好。的確，倘若是某個原本身體上就存在異常的人，或許根本無須藉助生活中的經驗，就可以走向歧路，而某個身體上無異常的人，或許在遭受到種種的異常打擊後，也會患上心理疾病；此說法也基本能夠解釋那些既源自先天又遭後天作用的病例。

> 我們所作的調查顯示，沒有任何一種性釋放途徑或頻率可以被稱為「正常的」、「典型的」、「有代表性的」。它們只有差異，而且除了差異之外什麼也代表不了。
>
> ——金賽

不過，倘若我們依舊不放棄那種較常人而言，在心理疾病患者群中會出現更多性變態的假設，那我們必須著重說明某個快感區域或是一些區域的興奮。每個人都具有某種與眾不同的先天傾向。到底某種心理疾病與某種性變態之間是否存在著某種特殊的關聯，我們尚未能進行詳細的分析（該研究領域內還有諸多問題尚未得到詳細說明）。

第七節　有關孩提時代的性

因為心理疾病病人行為中表現出了大量的性變態意識，這一點得到了我們研究的印證，所以不經意間，性變態的人數多了不少。原因在於，原本現實生活中就存在著很多患心理疾病的病人，再加上正常人和患心理疾病的病人之間無法劃出明顯的界限，正如莫比尤斯（Mobius）曾說「所有人或多或少都有點歇斯底里症的傾向」，如此我們便能夠很容易理解為什麼會出現如此多的性變態。它告訴我們，性變態偏好的存在是必然的，它是正常體質所不可或缺的。

我們不時會被一些人問到：性變態到底是天生的，還是如畢內特在研究戀物癖時所發現的那樣，是因為偶然的原因促成的？性變態行為中確實存在一些與生俱來的因素，不過它幾乎廣泛存在於所有人的身上，因為是一類偏好，所以每當受到來自外界的一些影響時，它便會表現得非常強烈，因此，它的強度也不是很穩定。

我們要分析的是某種性衝動因素的天生基因，當時機成熟時，它便能夠成長為一種真正的性行為；當處於其他形勢之下時，可能就會遭到隱藏的不完全的壓抑，為此，它只能用非正常的方式把握性衝動。正常人就處於上述兩種極端之間，他們透過有效的自制，達到了正常性生活的滿足。

不過，需要提醒大家的是，我們僅可以在幼兒身上發現，那種代表著所有性變態行為的基礎；儘管它們在幼兒每一次與性衝動有關的行為中僅有微弱的呈現。倘若我們承認，心理疾病是因為病人仍舊想維持或回到童年的性欲，那麼，對於兒童性欲的研究就應該得到關注。為此，我們需要瞭解兒童在性生活成長歷程中的那些外界因素，進一步分析到底是什麼原因導致一些人產生性變態行為或心理疾病，而有的人卻能夠走向常態。

第二章　兒童的性欲望

研究關於孩童時代記憶的徹底遺忘和歇斯底里遺忘症兩者之間的關聯，不是在做什麼文字遊戲。就歇斯底里遺忘症對於印象的抑制效應，我們能夠給予下面的說明：一系列存在於病人精神世界的、但卻無法提煉出來的往事，因聯想之故，與當前精神世界中的某種行為相匹配，以致達到了遺忘的地步。如此一來，那麼我們便可以說，是童年時代的遺忘導致了歇斯底里遺忘症。

第一節　前言

對孩童期的忽視

在人們普遍的認知中，人們在幼兒期時是不會有所謂的性衝動的，性衝動是人成長到青春期時才突然出現的。有這種誤解的人不在少數，這主要是由於人們對於性活動基本規律的不瞭解造成的，而這種知識的缺乏會對人們帶來很多不利的影響。然而，假如我們能多視角、多方面地來研究孩童時期的性徵兆，也許就會在其紛繁複雜的活動中找到一線思路，從而慢慢發現其源頭、組成及變化。但有趣的是：一些專家在說明成年人性格問題的時候，只把注意力放在我們的祖先身上。他們不知道個人發展有多麼重要，卻只覺得遺傳更具有決定性作用。

事實上，大家都明白，作用於孩童時期的種種因素，比遺傳更能為我們所瞭解，且更有努力探知的價值①。我們偶爾會在某些醫學書刊上讀到一些與兒童性早熟有關的案例，比如陰莖勃起，自慰和其他與性相關的行為。不過人們只將上述行為看作是早發性的意外事故，是咄咄怪事或是駭人聽聞的過早墮落，到目前為止，尚無專家分析過孩童時代常態的性生活，很多關於兒童發展的書籍中，當提及孩童性的成長時，總是輕描淡寫，或者乾脆隻字不提[2]。

被完全遺忘的孩童時期

孩童時期的性衝動之所以不受重視，大概是出於以下幾點原因：一、由於以往思考方法的局限和作用，專家們基本都在墨守成規。二、到目前為止，孩童時期的意識表現尚無法得到完整的解釋，而這是因孩童時代被完全遺忘所導致的。就幾乎全部的人（但不是所有人）而言，他們都會忘記孩童時代初期（往往是六～八年）的全部記憶。

即使這樣的情況讓我們極為迷惑，不過到目前為止卻無人對其提出質疑。眾所周知，兒童在幼年時都能夠有所記憶，且可以如同大人一般呈現出快樂、痛苦等情緒。大人們往往能夠從幼兒們的歡聲笑語中發現孩子所具備的理解能力和辨別是非的能力。但是當孩子們長大之後，卻對這些沒有一點兒印象。為何與別的意識行為相比，我們對幼兒時期的印象卻如此模糊？我們都相信，幼兒時期是最容易對事物形成深刻印象的時期[3]。而經過對大量測試者的心理分析之後，我必須得說明：我們覺得那些自己早已忘記的事物，實際上已在我們的意識活動中留下了不可磨滅的印象，這將會成為我們今後發展的基礎要素。

由此，我們可以看出，我們根本不可能徹底拋棄童年的記憶，童年的那些印象雖因自身潛藏的壓抑作用影響而偏離了精神世界，但這只是一種遺忘，與成年心理疾病病人的遺忘症相類似。不過，到底是什麼原因導致了兒童時期對於記憶的壓抑呢？倘若我們可以找到其中的原因，也就能對那些伴隨著歇斯底里症的遺忘症進行深入分析了。因此，我們可以十分肯定，這種孩童時期出現的遺忘情形，有助於我們從另一個側面來對幼兒和患有心理疾病患者的精神狀態進行對比分析。我們在前面已經探討過一個問題：一些患有心理疾病的人的性活動常常和孩童的性意識相類似，有些是在變化了很長時間後，又退回到孩童的狀態。由此我們可以判斷出，孩童時期的遺忘也許和這一時期的性衝動有關。

研究關於孩童時代記憶的徹底遺忘和歇斯底里遺忘症兩者之間的聯繫，不是在做什麼文字遊戲。就歇斯底里遺忘症對於印象的抑制效應，我們能夠給予下面的說明：種種存在於病人精神世界的、但卻無法提煉出來的往事，因聯想之故，與當前精神世界中的某種行為相匹配，以致達到了遺忘的地步。如此一來，那麼我們便可以說，是童年時代的遺忘導致了歇斯底里遺忘症。

我一直相信，所謂的幼兒期遺忘症，指的便是人們對於自己幼年時光的印象幾乎蕩然無存，進而對這一時期性活動萌芽階段也沒有了任何記憶。而這

> 儘管某些少年在其性遊戲中，似乎始終努力地去避免接觸有關於性的內容，但是在很多前青春期性活動中，的確有著性喚起與性刺激的存在。
>
> ——金賽

恰好就是人們不理解孩童時代對於性活動的重要性的原因。僅憑我一人之力來填補這方面的空白是很吃力的，早在一八六〇年，我就曾經提出，幼兒期在某種程度上對於性生活有重要的意義。自從那時開始，我就花費了大量精力來研究這一問題，多年來從未間斷。

【注釋】

① 其實，倘若無法理解孩童時代某些因素的作用，就無法理解遺傳所產生的作用。——原注

② 也許這一提法不太正確，為此我特意再次查找了相關書籍，結果證明，此說法仍可保留。關於兒童性欲的一系列研究，無論在物質上還是精神上，還都只是個開端。正如學者貝爾（Bel）所說：「據我瞭解，到目前為止，尚無哪位學者已經認真研究過年輕人的感情生活。」人們總是將青春期前呈現出來的性視為一種病態，且將其作為一個評判是否為變態的尺規。縱觀所有有關幼兒時代的心理學書籍，都找不到特意分析兒童性欲的文字。即使是在「大家」〔普萊耶（Preyer）、巴爾德溫（Baldwin）、普雷茲（Perez）、斯特魯貝爾（Strumpeil）、谷魯斯（Gros）、海勒（Heler）、蘇里（Suly）等〕的作品中也無法看到。不過，他們的確對幼兒時期的性衝動有所發現，但是覺得很正常。普雷茲曾證明的確存在上述現象，谷魯斯也指出所有人都知道這樣的情況：「一些孩子小時候就存在性衝動，渴望觸摸到異性。在貝爾的書中我們還能找到最早發生「性愛」的例子，這發生在年僅三歲半的孩子身上（詳見H.艾里斯一九一三年的作品）。——原注

③ 我曾在《遮蔽性記憶》中探討了幼兒時期最原始的記憶這個問題。關於這個問題還可以進一步參閱《日常生活的心理分析》的第四章。——原注

第二節　兒童時期性潛伏的始末

參考孩童時代不時顯露出來那些與性有關的活動，再加上心理疾病患者對於自己潛意識中有關孩童時代的模糊敘述，我們就能夠大概想像出孩童時代性生活的表現①。無疑，兒童的性衝動是天生的，它一直在成長，卻突然遇到了抑制，而這種抑制要一直持續到青春期性或當自身身體素質特別好的時候，方能被打破。對於上述類似折線的成長歷程，我們還不能探知到它是否會按照一定的規則發展，它的週期又是什麼？不過，這些性行為在幼兒三、四歲的時候便很明顯地表現出來了②。

性壓抑

在幼兒這段性潛伏期的全部或一段時間內，他的精神開始壓抑性行為，恍若水庫的堤壩，將性行為引入更窄的河道。這些精神作用包括噁心感、羞愧感和社會及美感對於它的最高要求。在文明社會中，我們可能會將這些為幼兒設置的「堤壩」歸功於教養的作用。的確，教養是達到了相當的作用，不過事實上，這是個人成長過程中的必經階段。有時，縱然沒有教養起作用，這一抑制作用也是註定要發生的。況且，教育要以自身素質為依託才能發揮作用——使得這種壓抑更為穩定和徹底。

昇華作用和反向作用

對於一個人來說，在其後一直維持自身的素養與常態，將是一個非常艱鉅同時又具有特殊價值的過程。到底該如何走過這一過程？也許要依靠那些時而處於潛伏狀態，時而又有所呈現，但始終未曾消失的兒童期性欲——的確，它所擁有的力量或多或少，甚至完全脫離了本來的用途，而在別的地方發揮了作用。這種能夠偏離性目的而作用於其他方面的性能源，被那些專注於人類文明發展史的學者們稱作「昇華作用」。正是這種力量造成了人類在文化上所取得的巨大成就。再者，還要提醒大家的是，這種昇華作用會伴隨著性潛伏期而開始貫穿於個人成長過程的始終。

就昇華作用的作用過程而言，我們還能夠從其他的角度對其進行說明。人類之所以會有性潛伏期，是因為人類生殖能力的延遲，使得兒童時期的性衝動發揮不了作用。而且，兒童時代的性衝動通常只能讓人感到難堪，再加上那些發自於快感區域的性衝動，對人帶來的體會也並不愉快。隨著時間的增長，上述作用慢慢累積起來，便形成了一種反向作用（反向的力量）。而這些不愉快的經歷，便是噁心、羞愧感和道德感等精神堤壩建立起來的基礎③。

潛伏期的中止

潛伏期的中止可以讓我們暫且可以不去討論含糊不清的潛伏期和兒童時代的經歷，也無需再徘徊於那些中庸的設想，現在可以把目光轉到分析一些現實的問題上來了，那就是，幼兒期性欲的結局是理想撫育所得到的最佳結果。不過，因為人各有不同，所以有時候，某些人的性行為會背離昇華作用，明確地顯露在外，而有時候，這些性行為在潛伏期仍時隱時現，直到青春期時才全面而激烈地展露出來。

在談及兒童時代性欲的時候，那些教育家看似贊同我們的觀點，實則卻仍堅持想要擁有道德，就必須擻棄性欲。這些學者之所以將幼兒時期的所有性行為視為「敵人」，僅僅因為他們無力改變這一切。與他們想法不同的是：我們認為只要我們敢於研究這些讓學者們害怕的現象，就肯定能夠找到性衝動的真正原因。

> 我們的調查數據證明：佛洛伊德所提出的人類從嬰兒時期就已經有了性活動的理論，確實是有根據的。
>
> ——金賽

【注釋】

①我堅信，心理疾病的病人在兒童時期的成長與普通人幾乎無異，二者只是在現象的強度和明顯程度上有所不同。——原注

②我們在生理學的解剖中，也看到過相似的例子。拜耶觀察到，嬰兒體內的性器官（例如子宮）和體長的比例通常高於較大的幼兒，不過我們尚無法探知這些內生殖器官在之後退化的原因。哈爾班也發現，所有的生殖器官都是這樣的，且這種退化多發於出生後的十幾天。那些只用性腺說明「性」的研究者們，經由上述觀察，最後發現了兒童性欲和性潛伏。李卜什舒茲（Lipaschschutz）的文章中曾記載到：「以下這種看法可能更符合現實：所謂青春期的性成熟其實是早期發展起來的過程加速，而這一過程起始於孩童時期。」十幾歲的這一時期，實際上是人生中的「第二青春期」，而從出生到這一時期可被稱做「青春中歇期」。菲林克齊發現，這本書中所記載解剖學上的發現，與心理學上的說法是相符合的。讓人遺憾的是，性器官的首次成長高峰期發生於當其還是胎兒時，但是兒童時期的性行為只有在其三、四歲時才能被很清晰地觀察到。當然，我們不會要求人生理上的發展非得跟上心理的發展。該研究通常將人的性腺作為研究對象，因為動物沒有類似於人類的性潛伏現象，所以如果想研究動物的性器官是否也經歷過兩次快速成長，將會是一件非常有趣的事情。——原注

③這裏所指的方向與性本能能源的昇華的方向恰好相反。不過，大多數時候，反向作用和昇華作用是互不干擾的，昇華作用也能夠通過更簡單的方式完成（詳見《論自戀》和《自我與原我》中第三、四、五章）。——原注

第三節　幼兒性欲的表現

吮吸拇指

孩童時期性行為的典型方式就是吮吸自己的手指。我們為什麼會這樣說呢？具體原因這在以後的章節中會討論到。對於這樣的情景，林達奈（Lindner），這位匈牙利的兒科醫師曾經在他的一篇文章中作過很出色的解釋。處在哺乳時期的嬰幼兒常常會有吮吸手指的行為，但有時候這種行為也會發生在成人身上，而且有些人會一輩子保持這種習慣。這種不斷重複地、有規律地嘴唇吮吸動作，其目的通常為吸吮營養。然而，手指也並不是固定的吮吸對象，他們吮吸的部位還有嘴唇、舌頭等很輕易就能接觸到的地方，有時，也有像自己的腳趾那些較難接觸的地方。

這種吮吸的過程還會激發幼兒拿取物品的欲望。比如，他們會有節奏地抓撓耳朵，或者抓取其他人身體的某一部位（尤其是耳朵），這類行為的目的與之前所說吮吸情形目的是一樣的。吮吸能夠讓人感到無上的快樂，某些時候會讓人慢慢地進入夢鄉，有時甚至會帶來和性高潮相似的那種刺激①。在這樣的吮吸行為中，還會有身體別的比較敏感的部位（比如胸部和性器官）被觸動，大部分幼兒常常會從吮吸手指進而發展到手淫。

林達奈非常瞭解吮吸行為在性的方面意味著什麼，並且公開指出了這個問題，他認為：撫養嬰幼兒的家長們會因為他們的孩子吮吸手指而對其進行懲罰，是把這種行為看得和其他那些所謂「性」的調皮行為一樣嚴重。但是許多兒科和神經科的醫生們都對這樣的看法表示強烈反對，因為他們無法真正理解「性」和「生殖器」二者之間的差別，把兩者混為一談。這樣的錯誤理解會導致我們面臨一個難以解答卻又必須面對的問題：我們到底該如何識別一種行為是不是性的表現？

我認為：經由精神分析，人們已經能夠比較清楚地瞭解到那些充滿性意味行為發生的原因。這樣一來，人們就會自然而然地把吮吸手指這樣的行為看成是一種性行為的表現形式。從這個角度，我們就能夠對孩童時期性行為的基礎性特點有一個研究性的感知。

從嬰幼兒時期，人類就具有感受刺激並產生性反應所需要的一切生理構造和神經系統，也就是說嬰兒有可能產生與成年人一樣的性反應。

——金賽

自體享樂

我認為，我們有責任對自體享樂現象作出一個合理的解釋。我們一定要持有這樣的觀點：這種性行為的一個顯而易見特點就是其對象不是別人，而是自己本身，艾里斯（Elis）把它巧妙地稱之為「自體享樂」（autoerotio）②。

另外，眾所周知，當一個幼兒吮吸自己手指的時候，這意味著他在尋求一些讓他難以忘懷的快樂記憶。不斷重複吮吸皮膚表層黏膜，本來就十分容易獲得性的滿足。

我們都知道：幼兒在這種情形下所追尋的快感，以前曾在哪種情形下感受到過——吮吸媽媽的乳頭（或者是類似的替代用品），本來是幼兒成長過程中最早感受到的快樂體驗，這種體驗對於幼兒來說非常重要。

由此我們可以看出：幼兒的嘴唇是可以體驗快感的敏感部位，從乳頭流出的溫暖乳汁確實可以刺激幼兒的神經，為他們帶來快感。剛開始的時候這種滿足感與獲取乳汁營養所得到的滿足感之間有緊密的關聯，如果看到一個嬰兒心滿意足地吃完母親的乳汁，紅紅的臉蛋兒露出微笑並很快就滿足地進入睡眠，你就會聯想到這和一個成人獲取性滿足後的那種情景有多麼地相似。

然而，隨著幼兒的發育，這種獲得性滿足的渴求會慢慢與獲得營養的渴求分開。在幼兒長出牙齒之後，就不會再以吮吸的方式進食，而是變為咀嚼。從這個時候開始，這兩種行為便分離開了。很顯然，這個時期的幼兒還不能自理，也不可能適應周圍的環境。對於他來說，能替代母親乳頭的只有自己的皮膚，他吮吸自己手指是出於兩方面的因素：一是這麼做比較方便；二是手指能夠成為其他不太重要的快感部位。正是由於這樣的敏感區感受到的快感比較微弱，因此在一個人慢慢成長的過程中，會被逐漸丟棄而被別的可獲得快感來源代替——這便是別人的嘴唇（「好遺憾！我不能夠親吻自己！」這句話能夠較佳地說明這段話的意義）。

我們自然會想到：並非所有的幼兒都有吮吸手指的習慣，而對於那些有這樣習慣的孩子來說，他們的嘴唇能更敏感地感受快感，這些人長大後常常喜歡親吻，更有甚者還會產生一種混亂性親吻的偏好——比如男孩極有可能會喜好抽菸喝酒。然而，如果是潛在的抑制作用佔據主要地位，那麼這些孩子就將會對進食感到厭煩，引發歇斯底里式的嘔吐。這是因為嘴唇為進食和親吻共同使用的部位，而佔據主導的的抑制作用會很輕易就影響到進食的欲望。我診治過的許多女性，她們的症狀大都與進食有關聯，比如歇斯底里性喉漲感、窒息感、嘔吐等，而她們在幼兒時期都常常吮吸手指。

在吮吸手指或類似這樣「為快樂而吮吸」的行為中，幼兒時期的性活動表現出了三個主要特徵：其來源與維持生命必不可少的、以獲取營養為目的的進食行為密不可分；並不知道有性的對象，屬於「自體享樂」；其性目的直接由感觸到的快感區控制。我們可以肯定，其他幼兒時期的性行為也有類似這樣的特徵。

【注釋】

①由上所述我們可以看出，就算是處在幼兒期的孩子，這種性活動所帶來的滿足感就已經可以促使他們更好地進入睡眠當中了，我們也可以把那些過敏性失眠症的病因歸於無法得到性滿足。我們都知道，那些在性方面不能得到滿足的保姆常常會撫摸幼兒的性器官，這樣可以使自己比較容易地進入睡眠。——原注

②其實，艾里斯在這裏所說的「自體享樂」這個詞，其所涵蓋的意義跟我所指的意義並不是完全相同的，艾里斯側重於講「自體享樂」是來自於內部而非外部的興奮，而透過精神分析學，我們認為興奮的來源並不是最重要的，最重要的是這種興奮和對象之間的關聯。——原注

第四節　兒童的性目的

快感區域的特點

對於快感區域的認知，吮吸指頭的案例為我們提供了很多有價值的參考，例如：快感區域的組成肯定為身體皮膚組織的某一塊，且該區域受到某種作用時，能感受到某種確切的愉悅體驗。不過，目前我們尚且沒有研究清楚，快感區到底擁有什麼特徵以至於它會因為某種作用而很愉悅。

當然，這種快感大部分來源於「律動性」的發揮，這不得不讓我們聯想起抓癢的愉悅。不過，我們尚無法說明：上述作用下的感受是否與其他感受不同，而且在這種感受中，「性」又達到了怎樣的作用。

在心理學中，每當話題涉及「快樂」或「痛苦」，總是無法找到確切答案。為此，每當我們作出一種設想時，就務必要時時保持謹慎。對於「性」帶來的感覺，我們暫時儘管可以說它是很特殊的，但究其特殊的緣由，只能留待我們以後慢慢探索了。與上述「吮吸指頭」案例中所指出的一樣，人體總有幾個地方對於「性」刺激的感覺非常特別，也就是所謂的「快感」區域。不過，從這個案例中，我們也可推導出：只要有皮膚黏膜附著的部位，就很容易產生快感，因此我們說，上述觀點所包含的尺度還是很大的。

經由上述分析，我們可以得知：相比於刺激作用的部位，快感主要是來源於刺激的性質。那些習慣於吮吸指頭的孩子，總是透過吮吸身體的所有部位來探尋自己的快感區域，時間長了，他們便能找到自己的快感區域並常常吮吸這些地方。如果在探尋的過程中偶然遇到乳房、會陰周圍等較為敏感的部位，那麼，快感區域就由此被固定下來了。

在對歇斯底里症的觀察中，我們還能看到一些類似於轉移作用的情形。因為歇斯底里症自身對性的壓抑，導致原本由快感區域所感受到的性衝動轉移到了別的部位並替代了生殖器官，從而使得那些理應隱藏起來的現象重新顯露了出來。

不過，除了上述情況，與「吮吸」案例一樣，人體別的地方也能夠經由生殖器官性衝動的轉移作用變成快感區域，且這些快感區域分佈的地方基本都是歇斯底里症狀區域①。

兒童性欲的目的

兒童性欲的滿足，通常是透過對於某個特殊快感區域，以適當的刺激使其達到一定的愉悅，從而完成其性目的的。想要建立起某種「反覆」的欲望，這種愉悅必須是之前曾經體驗過的。我們絕對能夠承認：上述事件的完成，絕非是來自於偶然，而是自有其發展的歷程。而這種歷程，在說到口舌快感區域時我們曾經分析過：人體的口舌也有吸取維持生命所必須營養的功能。

近似於這樣的性過程，我們在討論別的性刺激時也曾發現過。這種「重複」的性欲來自於哪裡？我想有以下解釋：一、附著於某種奇特的焦灼感，且這種感覺挑逗人的欲望；二、在對應的快感區域有來自於精神世界中的某種特殊感覺。

所以，綜上所述：性欲的目的，即在以外界的作用為工具去消除那些存在於精神世界但是表現於快感部位的焦灼感，進而達到愉悅的狀態；外界作用指的則是近似於吮吸的方法。此外，透過使快感部位發生一定變化的方法，也能從快感部位的周圍區域激發出這種欲望，這也沒有背離我們所知的解剖學知識。但這裏仍有一些疑問：加諸在相同部位的相同刺激，為什麼既能壓抑又能

> 我們認為，精神分析學者所強調地嬰幼兒時期的性發育及其性能力，或其所受的壓抑，認為這是形成成人性行為模式和整個人格的諸多特點的最初源泉，現在來看，無疑是正確的。
>
> ——金賽

激起那種興奮呢？

【注釋】

①經過大量的觀察和一系列分析，我發現人體的所有部位，包括所有內臟在內的器官均能夠成為快感區域，具體詳見本人撰寫的《論自戀》。——原注

第五節　幼兒的手淫

如果我們已經瞭解了口舌部位的快感是如何激發的，那麼我們就可以此推及身體別的快感部位，所以說，在兒童的性行為研究上，我們已經跨過了最為主要也是最為艱難的一個階段，往後的研究將會變得輕鬆一些。我發現，每個快感部位不同於其他部位的最大特點是他們對達到快感所要求的刺激有所差別，例如：口舌部位要達到快感所要求的動作是吮吸，而別的部位則根據其特性運用其他的動作來達到快感。

肛門部位的快感

類似於口舌部位，肛門部位也有別的作用。這一部位使我們聯想到很多有關性的東西。在精神分析的過程中，我們發現肛門部位在正常狀態下產生的衝動與變化是如此繁多，且這個部位能一直保持一定的性衝動現象，這實在令人吃驚。

在兒童期，腸炎頻發常會造成兒童的神經質，不僅如此，這還能引發之後的一些心理疾病，且通常是以胃腸不適為主。在明確了肛門部位在轉化意義上的重要作用之後，我們也就不會再因為之前的醫學書籍中，強調痔瘡對於心理疾病的重要影響而發笑了。

幼兒們經常藉由以下行為——他們經常會憋著自己的大便，直到非得使勁地運用肛門周圍的肌肉方能排出的地步，來享受來自於肛門部位的快感。此時，所有大便同時排出肛門，在很大程度上刺激了肛門周圍的神經，這樣的做法激發了痛感，然而這痛感中又有平時無法感受的輕鬆感。如果一個孩子被傭人帶去廁所排便，但是他時常不肯當著傭人的面，而是願意獨自一人感受排便的快感，這意味著這個孩子以後的性格會很刁鑽，而且有點神經兮兮。

這種性格的兒童也許只會在有便意的時候盡情地享受排便的痛快，而絲毫不會在意排便時是否會弄髒床鋪。

教育學者們早已意識到，能夠隨意控制糞便的兒童在性格上是很調皮的。試想一下：那些積累起來的糞便在瞬間作用於肛門黏膜的感覺，與孩童在性成熟後生殖器官上的特殊感覺何其相似，所以兒童的這種做法帶有很強的色情意義。上述觀察對生育學提供了很好的解釋：排便行為意味著「貢獻」，將糞便排出很明顯包含著放棄，但是憋著不排出，卻代表著孩子不甘心放棄，也意味著對外界的抱怨。幼兒經常透過「貢獻」的角度去揣度「生育」的意義。通常兒童對於「性」的認識是這樣的：人因為吃了某種東西而懷孕，然後再透過腸子「生產」出來。

之所以控制大便原因在於積糞能夠作用於肛門黏膜，從而感受快感，實現自慰的效果。為什麼精神衰弱的人往往會積累糞便，或多或少也是因為這個原因。無一例外，所有的心理疾病病人都有其自身獨有的排便慣用方法，而且會盡可能隱祕而謹慎地將這些方法保留下來，由此可見肛門部位的重要性①。正如我們所見：很多年齡比較大的兒童，會因為意識上或肛門周圍的瘙癢而運用指頭刺激其肛門部位。

對性器官的自慰

對於幼兒身上的各個快感部位來說，有一個快感區與兒童時期的性體驗並沒有多大關係，且看似毫不重要，不過在以後的性生活中卻註定要成為主角，且這一快感區和排小便有關係，這就是男性的陰莖和女性的陰部。

拿陰莖來說，它時常被包裹於薄薄的包皮之中，只要出現刺激物，便能很輕易地發揮作用，繼而能夠在早期激發幼兒的性衝動。這個部位產生快感是很正常的性現象，且在以後也將成長為常態的性行為。因為生理學位置上的特殊性，所以無論是洗澡或接觸，還是別的無意作用（蟯蟲晚上對肛門的刺激、不小心接觸到女性的陰部），都會很輕易地刺激這個部位。嬰兒在被餵奶時就已感覺到自己這個區域的愉悅感，因此一旦再次遭遇這種刺激便能激發其想再次感受這種愉悅感的欲望。

只要稍微留意，我們就能夠得知，無論你是想竭力保持孩童的清潔，還是放任他繼續髒下去，結果都是相同的。我們堅信：這是自然的作用，正是因為這種每個人都必經的兒童時代的自慰，我們才有了以後在性生活中運用該快感部位爭霸的可能。幼兒通常運用手對快感部位進行觸摸刺激，或者兩條大腿擠壓在一起來撫平緊張感，達到快感，進而抗擊這種打壓本能的力量。女孩更喜歡運用後面這種十分古老的方法，而男孩更喜歡用手來自慰，這也意味著當他們成年時，通常會透過手的撫摸來緩解性興奮。

兒童自慰的第二階段

通常來講，幼兒的手淫時間不會持續太長，不過有的也能持續到青春期，文明社會通常會將這種自慰行為看作是脫離常態的表現，並對其表示不齒。在嬰兒期結束之後，性衝動有可能在即之而來的孩童時代中再次出現，然後可能再度被抑制；不過，也有人會一直持續到青春期。整體而言，可能各種複雜的情況都會出現，而我們要做的就是仔細分析個別案例，以期對整體情況作全面的瞭解。不過，無論如何，兒童第二個階段的性行為都會在其記憶中留下難以磨滅的印記，它不只對個人性格的形成有著關鍵的作用，同時對於在青春期後產生心理疾病的患者的病症也有著關鍵的作用②。

幼兒期的性活動通常會被忘記，就連精神世界中對於這一階段的模糊印象，也僅僅是經歷了轉移作用之後的假象。我以前就說過這個觀點，普通人之所以會完全忘記孩童時代早期的活動，是因為孩童時期性的作用。精神分析法能夠將那些被忘記的活動從潛意識裏提取出來，進而治療那些潛意識作用下的強迫症。

孩童自慰行為的再現

嬰幼兒時期的性衝動會重現於孩童時代，或是形成一種自發的、只有透過手淫方能解除的焦灼感，或是出現一種近似於遺精的現象。上述現象幾乎無異於成人的遺精過程，可以無須透過任何動作就得到快感。那種類似遺精的現象通常多發生在童年期後的女孩身上，我們尚不能瞭解其中的緣由。雖然它並不常見，不過我們仍然能夠由此探知其早年有過過度手淫的行為。幼兒時期的性活動顯露得並不明顯，某些性器官此時尚未發育完全，而各種疾病的症狀幾乎都發生在臨近於生殖系統的泌尿系統上。眾多有關膀胱的疾病均隱含著性的意義，那些夜晚遺尿的小孩，要不患有癲癇症，要不就是有類似於遺精的過程。

透過對心理疾病成因的探究，再加上精神分析法的運用，我們能夠大致上說明之所以重現幼兒手淫的內外原因。對於外在原因，我們的觀點如下：這個階段偶然發揮作用的外在原因，通常會對兒童的發展達到關鍵性的作用。此時，最主要的影響是誘導作用：如果有人褻瀆了年幼的孩子，那麼這些兒童或許就會因為經不住性衝動的影響而對自己性器官進行自慰，以達到快感。至於內在原因，我們將會在之後進行詳述。

當然，大人和其他一些孩子語言上的教唆也可能造成這樣的場面。對於這點，我承認在分析歇斯底里症時並沒有太過關注它的作用，因為那時我尚未發現一般人在孩童時代或許也會遭遇類似的情形，所以才會過分地注重誘導在性成長中的影響③。當然，幼兒性行為的出現或許是在自然的發展過程中，因為自身的原因而出現的，並不一定非得是受到了別人的誘導。

眾多性變態行為的表現

需要提醒大家的是，或許因為誘導，幼兒身上會出現許多的性變態行為，這很可能會導致他們的性生活走向異常。這也說明了幼兒自身擁有發展所有行為的能力。孩童時期異常現象的突起並未遇到很大的阻礙，其緣由是壓抑這些異常行

> 佛洛伊德所說的「前生殖器階段」的性活動，以及在青春期中有一個性活動的「潛伏期」，對此，我們卻尚未找到事實證據。
>
> ——金賽

為的意識能力，比如羞愧感、噁心感及道德方面的約束等（這些能力是伴隨著幼兒的年歲逐步增加的）都尚未成熟和完善，需要在成長過程中逐漸發展。

就一個人身上可能存在著一種變態行為的多重表現這一點而言，單純的女性和幼兒還挺相近的。這些單純可愛的婦女們的性活動往往是正常的，不過一旦有人對其施以誘導，那麼她們便能夠在任何性變態生活中得到滿足，並將這些變態活動視作常態下性生活的一部分。無獨有偶，這種經由多方面表現的異常性行為，或與幼兒相類似的傾向也廣泛存在於妓女身上，在許多妓女和那些看似清純實則很妖豔淫蕩的女性身上所看到的，讓我們不得不承認這種本能的性變態存在的可能性——廣泛而普遍地存在於現實的人類當中。

部分的興奮

不過，若是所有變態行為被歸因到誘導這點上，非但不能很好地解釋性興奮的原始關聯，甚至還會對這種研究造成阻礙。這是因為它在兒童性興奮還沒有指定其對象的時候，就已為其提供了選擇性對象的可能性。不過，我們需要認知到：儘管兒童時期的性行為多是發生在其所能感受到的快感部位，但起初都無法避免地帶有以他人為性對象的成分，其中諸如偷窺狂、暴露癖等，都不同程度地發生在快感部位之外，然後隨著年齡的增長漸漸歸入其性行為中。的確，縱然兒童時代的該類行為和快感部位的關係不大，不過往往還是表現得很露骨。孩子與成人最大的不同就是：他們沒有羞恥心，不怕裸露自己的身體，特別是顯露自己的生殖器。

除了喜歡裸露外，兒童還喜歡做出與之對應的另一種性變態表現——極其想窺視他人的生殖器。這種心理並不是在兒童年歲很小的時候出現的，它出現的時候，很可能兒童就已經有很強的廉恥心了。在誘導的作用下，窺陰癖這一變態行為或許將會時常存在於幼兒的性行為中。

然而，我們對一些健康者以及某些心理疾病病人的孩童時代進行了再現，發現諸如窺陰癖等現象即使沒有外界因素的誘導也可能會產生，這在幼兒發展過程中是很正常的。一般情況下，如果幼兒開始將好奇心放在他們自己的生殖器上，出現了自慰的行為時，就會將注意力從別人的身上轉移出來。假設幼兒在發展的過程中並沒有受到外界的影響，那麼也許他就會對周圍小朋友的陰部特別的好奇，而因為往往只有在夥伴上廁所的時候才便於窺探，因而這些有著偷窺癖好的孩子們便對其他人的方便行為特別感興趣，這樣的癖好或許會隨著年齡的增長而被壓抑，不過對於他人（無論男女）陰部的興趣仍然持續著，並成為一些心理疾病的主要表現。

幼兒性行為中所表現出來的殘忍基本和快感部位沒有關係。通常而言，那種能夠控制自己的行為，且使得該行為不至於太殘酷而對別人造成傷害的能力（也稱做同情能力），很晚才會得以形成，因此幼兒往往會顯得很殘忍。據我們瞭解，目前，尚無人詳細研究過此種現象，不過我們依舊能夠想像出：上述殘忍衝動的出現是因為性生活中展示霸權的需要，它早於生殖器官的完善，且在相當長的時間記憶體在於性活動中。我們將這一階段命名為「生殖器官前期」。我們絕對能夠肯定的是：那些在和小朋友或動物相處時表現得極為殘忍的幼兒，其在幼年時肯定感受過快感部位的極大滿足。總而言之，快感部位的行為是每一個幼兒性生活中最主要的。

如果沒有同情能力的存在，那麼表現欲與幼兒身上的殘忍和性衝動便始終交織在一起，並有可能一直伴隨著孩子長大。

自盧梭《懺悔錄》面世後，幾乎所有的教育學者都清楚：一個人之所以會成為受虐狂，其中一個原因就是他們在年幼時臀部曾遭到過體罰。教育家們很明確地要求停止對兒童身體的任何部位進行懲罰，因為這可能導致孩子的原欲在發展過程中走上歧路④。

【注釋】

① 安德列斯・薩洛姆曾寫過一篇有關肛門性欲的文章，在文中他詳盡而深入地討論了肛門快感區。他說，當幼兒第一次遇到來自外界的阻止和控制時（基本是讓他們放棄從排出積累的糞便中尋求愉悅），這種阻止將對他們日後的全面發展達到關鍵性的作用。這也使幼兒首次發現自身的衝動處於一種不懷好意的世界，進而逐漸將本身與外部環境徹底脫離。同樣，他也首次透過抑制的力量控制了自己本能的衝動。自此，在他們心

中，「肛門」便成了所有噁心和違反正常生活的事物的代名詞。肛門和生殖器官絕對不同，是普通人的普遍看法，殊不知，它們二者無論是在生理結構還是作用上都很相近，兩套組織緊密相連。其實，「對女性而言，性器官僅僅是在那兒租賃了一塊地罷了。」——原注

② 近期，布列拉發表看法稱：心理疾病病人心中懷有的愧疚感通常來源於對於性成熟初期的自慰印象，不過這還需要精神分析學的進一步研究。精神分析對此最常見和最重要的一種說明是：自慰表現了幼兒的性欲望，而性欲通常伴隨著愧疚感。——原注

③ 艾里斯以前曾寫過一些性生活很健康人士的傳記，在書中記載了他們兒時的首次性行為。因為所有人的性生活肯定都會受到兒童時期遺忘的影響，所以這些傳記肯定存在著一些不足，不過，我們能夠運用精神分析法對其進行修補，因為它們確實很有意義。——原注

④ 一九〇五年出版的本書首版中，有關兒童性行為的分析資料大多取自對於成人的精神分析的研究。因為起初我並沒有對幼兒進行研究，就從幼兒角度出發也僅能發現少有幾個相互沒有關聯的觀點和想法，直到後來開始接觸到一些在兒童時期便患有心理疾病的病人時，我才慢慢發現了幼兒的一些「心理－性欲」（Psycho-sexuality）的存在。讓人驚喜的是：正是因為這些觀察到的臨床資料，再加上精神分析法的研究，為上述謎團提供了明確的依據。同樣的，一九〇九年發表的《關於一個五歲男孩恐懼症的研究》一文中所提到的幼兒語言發展的最初一年內能夠產生性象徵（或是用那些非性對象來替代有關性的東西），也讓我進一步瞭解到了一些在精神分析法中沒有涉及到的現象。為了能夠清楚地說明，我將自我享受期和將愛指向性對象兩者分開來說，它們表面上看似無法發生於同一時期，實則不是這樣。上述的分析中，還有貝爾的觀察都證明了：三～五歲的兒童便有透過自己擁有的強烈情感而準確挑選性對象的能力。——原注

第六節　關於幼兒性學的研究

兒童性生活最早出現的時間，一般來說是三～五歲之間。在這段時間裏，一種原始的探索與本能的求知欲也會隨之而生。而這種求知欲並不能簡單地被歸結為原始本能，或認為其完全來源於性活動。這時的活動，一部分是在掠奪欲望的提升中滋生出來的，另一部分則產生於自視淫衝動，不過，不管怎樣，它還是與性生活有非常密切的關聯。從精神層面分析，兒童的好奇心主要來源於性問題，它往往產生得很早，並且又頗為熱烈，所以，兒童的好奇心很大程度上就是被性問題所激發出來的。

獅身人面獸之謎能夠激起孩子們無窮的探索熱情，這種熱情並不僅僅停留在理論層面，而是實實在在的興趣所在。通常來說，如果一個家庭中即將誕生或已經誕生了弟弟妹妹，那麼，在孩子們眼中，這都是他們的威脅，他們會瞬間產生一種就要失去愛撫和呵護的不安全感，以至於會表現得越發好奇和多動。當兒童發覺到這點時，隨之而來的第一個問題就是嬰兒是從哪裡來的，而並不是兩性之間的區別。事實上，這也正是獅身人面獸出給人們的謎題；儘管世人往往將其歪曲理解，但實際上還原起來也並不困難。在通常情況下，孩子們總會毫不猶豫地接受這個事實，即兩性的存在。男孩們則會認為每個人都會擁有和他相同的性器官，他們根本不會想到別人沒有這個東西。而當與想像中不同的事實終於呈現在他的面前時，他們的內心會受到極大的震撼。男孩們內心會極力掙扎，排斥這個事實，直到經歷了一番強烈的內心爭鬥（閹割情結）之後，他們才不得不接受這一事實。而對於女孩來說，則會因沒有陽具而會產生一種心理替代現象，一旦形成性反常時①，這種「替代」現象就會發揮很大的作用。

在兒童的理論世界中，他們首先接受的是每個個體都與自己有著同樣的（男性）性器官。即使從生物學的角度來講，女性的陰蒂與男性的陽具樣子也的確很類似，但是孩子們從一開始是完全不知道的。如果女孩看到男孩的性器官與自己的不同，她不會像小男孩那樣馬上就產生抗拒心理，反而她們會很快接受這個事實，並且沒過多久，她們就對男孩能擁有陽具而豔羨不已。隨著時間的推移，這種羨慕的情愫不斷累積，最後她們甚至會希望自己就是個男孩。

很多人都有過類似關於誕生疑問的記憶，在他們青春期的時候，都對「小孩到底來自於哪裡」這個問題有過強烈的好奇心。而關於這個問題的答案真是五花八門，無奇不有。

有人說孩子是從胸口裏蹦出來的；有的認為是從腋下爬出來的；還有的說是從肚臍眼中鑽出來的。如果沒有深入分析，我們幾乎已經淡忘了自己小時候對於人類從何而來是如何進行研究探索的。小時候，我們總認為一個人是因為吃了某種神奇的東西（就像童話小說中）才會懷孕，隨後孩子就會像糞便一樣產生出來。孩童時期的理論往往使人容易聯想到動物界的構造法則，特別是那些比哺乳動物更低等的動物，它們至今都保存著泄殖腔。

很多時候，性行為中的虐待行為主要是產生於大人毫無掩飾的性行為。因為成人往往覺得孩子們單純無知，肯定不會懂得性的事情，所以往往有恃無恐地在孩子面前進行成人的性行為，久而久之，孩子們腦海中就會對性行為產生深刻的印象，甚至誤以為這是一種欺負、侮辱甚至是種虐待行為。從精神層面分析，在幼兒時期的這一印象往往會在以後使其性行為發展成為虐待。同時，孩子們還會經常好奇，性行為到底意味著什麼？在他們幼小的心靈世界中，這種好奇就等同於好奇婚姻究竟意味著什麼。在他們的腦海中，這個問題與大小便的功能問題是同一個概念。通常來說，孩子們的性理論是透過他們自己的性本能創造出來的，所以，他們的研究註定是不會成功的，並且還會犯下很多非常可笑的錯誤。

但是，不管怎麼說，孩子們的性成熟度已經遠遠高於大人們的判斷。比如，孩子可以發現母親懷有身孕，並且也能自己找到一個合理的解釋。關於他們總聽

> 許多父母都會遵守社會準則，過於謹慎地將孩子的生殖器包覆起來，這樣做反而直接激起或加強孩子們對異性生殖器的好奇心。
>
> ——金賽

到「鸛鳥送子」的故事，他們往往持高度懷疑的態度。但是不管怎樣，有兩件事是孩子們註定不會懂的，即女性生殖器官的存在及男性精液的受精功能，畢竟這些在小孩身體上還不顯著。正因為如此，孩子們的想像和推理總是無果而終，最終他們還是對此一無所知。

這樣久而久之，孩子們的求知欲就會大打折扣。孩子們對性的好奇與探討總是獨立存在的，自從他來到這個世界，他們就從這個問題開始走向獨立與自主，並且不斷透過自身來探索未知的方向。最初，他們對這個世界充滿信任，然而從這時開始，當他們再面對周遭的人和事物的時候，往往總會生出一種被隔離的孤獨感。

【注釋】

① 女孩也會產生「閹割情結」。不論男女，都曾經認為女人原本和男人一樣具有陽具，並且會由於閹割而喪失。而男性一旦清楚女性天生就沒有陽具這一點時，就會忍不住從心底裏產生對女性的鄙視情結。——原注

第七節　性組織的發展期

我們已經強調指出幼兒期性生活的特徵包含了下列事實：

第一，從根本上而言，它是從自身尋找答案的，所以屬於自體享樂型；

第二，它的每一次「部分衝動」，基本都是各自獨立存在的，雖然相互之間沒有關聯，但都是為了尋求快樂。探尋快樂是引導性活動發展趨勢的原動力，最終將達到繁衍後代的目的；這就是正常的性生活。所有的「部分衝動」都來自於一個最重要的快感區，由此會產生一個強大的性組織系統，最終達到向外界的性伴侶產生性需求的目的。

在運用精神分析法研究性發展的過程時，不斷遭遇到各種禁忌和干擾，從而證明，部分衝動都有其各自獨特的滿足方式及實現方式，這樣就能構成整個性體系中最為本真的階段，而這個階段卻往往總是被人們視為多餘的。這一階段的發展過程很容易產生，並且幾乎不留痕跡。我們只有從一些病態的例子中，才會發現這個階段逐漸活躍起來，並且相當顯而易見。

性器官前期指的是生殖區尚未承擔主要職責的階段。這一時期有兩種最常見的形式，也就是我們能夠從遠古時代的動物祖先中發現的情形：第一種性器官前期體系是口欲的，也就是說，它同時可能會吞食同類。在這個時期，性活動往往和動物攝取營養的活動是相伴而生的，並且兩性之間也並未產生差異化，這兩種方式通常是相互混同的。這種性目的是要把對方融入自己體內。

之後，這種原型（prototype）又在同化作用（identification）中發揮了重要的作用，表現為吮吸指頭的行為。在這一時期，攝取食物就和性生活區別開了，但是仍保留著自身的一部分以替代外來的對象①。

第二種性器官前期指的是虐待性的肛門性欲體系的產生。在這段時期裏，兩性已經有了明顯的界限，但是依然保留著「主動的」與「被動的」兩種類別，而在後期的性生活中發展出來男性與女性的顯著區別，這時還不明顯。此時的性活動主要受「支配衝動」的影響，靠全身的肌肉來完成的，而腸道的黏膜快感反倒是次要的性目的了。兩性自身追逐的目的並不相同，具有個異性。此外，其他一些自慰形式的「部分衝動」也一直存在著。總而言之，在這個階段，性的兩極分化已經產生了，並且外部的性對象也已經存在了，但是性欲仍僅限於繁衍子孫後代的功能。

矛盾心理（ambivalence）

上面提到的所有性體系都有可能維持終身，並且一直主導著性生活的大部分時間。虐待症的出現，還有肛門區表現出的泄殖腔作用，都證實了它們的確來自遠古時代。此外，我們還能找到它的一個特徵，那就是成對出現卻又相反的性衝動，即愛恨交織的出現，布留拉曾把這種情況稱之為「矛盾心理」，這個稱呼非常準確。

提出性生活範圍內存在著一段性器官前期的假設並非杜撰，而是透過對心理症進行深入分析之後所得出的結果。毫無疑問，我們能夠推測，精神分析以後還會獲得高度發展，這樣我們就能更加深入地瞭解什麼是正常性功能的結構，以及正常性功能以後的發展趨勢。還有一個情況，對於分析兒童性生活來說是不得不提的：那就是對於孩子來說，性對象也是有選擇的，這種選擇在各個方面都類似於在青春期時對於性對象的選擇。

對於孩子來說，他們通常也會把性對象固定在一個人身上，他們對性的所有想像都放在那一個人身上，期望能夠從那個人身上實現性目的。雖然這種方式對於兒童來說是模仿青春期的最便利方法，但是在某種意義上來說，這又與青春期的情況有著很大的不同——在兒童時期，各種「部分衝動」還並未受到生殖區的影響，而事實上，生殖區才是一切性活動的主宰，使子子孫孫能夠繁衍下去的情況，是整個性發展的最後一個階段。

在正常情況下，對於對象的選擇期可以分為兩個階段，或者說是兩次質的飛躍。第一個階段是在孩子三～五歲之間，一旦到達潛伏期，就立刻中止了，這一時期的性目的完全是兒童式的。而第二個階段就不同了，它開啟了性生活的明確形式，這一階段開始於青春期。②

因為潛伏期的影響，對象選擇往往會分兩次出現，這種情況會深入影響最終結果，尤其是病態結果。在孩童時期對於對象的選擇往往會影響深遠，甚至會永久地保持下去；或者，通常會潛伏一段時間，然後等青春期到來的時候，又重新出現。不過由於這兩個時期逐步產生了潛抑作用，所以，即使在青春期也不能獲得長久發展。這時的性目的已經變成了性生活中的溫情蜜意，變得比較柔和。

只有透過精神分析，才能瞭解到在諸如榮耀感、崇拜之情等這些柔情蜜意的背後，潛藏著源自於兒童時期的部分衝動。因此，對於青春期情感型的對象選擇，應該盡可能蓋過兒童期時所選擇的性衝動對象。因為存在於兒童期的僅僅是種原始的欲望，這與青春期的情感型感情是完全不相關的，所以那時的性生活也無法達到理想的境界，即讓所有的欲望都能夠歸屬到一個統一的個體身上。

> 從生理學意義的角度來說，性喚起與性高潮是指一種成人或婚後才有的現象，它包括種種身體的、生理的和心理的變化。
>
> ——金賽

【注釋】

①關於這一時期在成年心理疾病患者身上留下的印記，可以查閱阿布拉罕（Abraham）的論文，他在文中詳細描述了這一點。同時，又在後來的一篇文章中，把口欲期及「虐待-肛門期」進一步劃分為兩個階段；這是另一種看法。——原注

②我的看法在一九二三年之後開始改變，即兒童發展不僅包括以上兩個階段，還有第三個階段，也就是性器官階段。不過這一階段的性對象只有一種，並且從某種程度上來講，性衝動也是集中的，與性成熟的最終結果最大的不同在於，它只認識一種性器官，就是男性性器官。所以，基於這種情況，我們通常將這一階段稱之為「男性生殖器期體系」。在阿布拉罕的觀點中，這個體系可以參考一個生物學的原型，也就是在胚胎時期，性器官還沒有分化並且兩性依然相同的時期。——原注

第八節　兒童性欲的源頭

在經歷了不斷的研究總結與探索之後，我們終於有了如下發現：一、性興奮是對伴隨其他機體過程而產生滿足的模仿；二、性興奮源自於邊緣快感區受到的刺激。三、性興奮也是諸如窺視衝動，虐待衝動等某種衝動的外部表現，儘管我們並不清楚這些衝動到底源自何處。我們藉由兩個方面的研究深入瞭解到了性興奮永遠充滿勃勃生機的原因：一方面是運用精神分析法，設法讓成年人找回童年的記憶；另一方面是對孩子們做一些現場的測試。但是後一種方法是有弊端存在的，它很容易使我們被觀察結果所誤導，從而得出一個錯誤的結論。但同時，精神分析法也有不足之處，即為得到一種研究結果往往會走很多彎路。雖然這兩種方法都存在著缺陷，但是綜合這兩種方法加以運用，會讓我們對所研究的問題有更深入透徹的瞭解。

透過對快感部位的深入研究，我們能夠清晰地發現，這些快感區域都是皮膚中最為敏感的部位。當然，整個體表都會或多或少的存在一些敏感區，所以當我們發現很多普通的感覺也與情色相關時，也就沒有什麼好奇怪的了。在所有感覺中，最為突出的是溫度感覺，也許它能幫我們充分瞭解溫水浴的醫療效果。

除了以上提到的幾點，我們還有必要講一下機械性興奮的某種表現，也就是當身體做機械式規律性的抽動時會使機體變得異常興奮。通常情況下，這種抽動主要會產生以下三種深度作用：一、對平衡性神經，即第八腦神經前的部分感覺器官的深入影響；二、對皮膚的深度刺激；三、對深層部位的刺激，如肌肉與關節之間的相互作用。通常情況下，這些作用能夠激起無限的快感，同時，我不得不強調一點：我們現階段只能籠統地將這種快感冠以「性興奮」、「性滿足」之類的稱呼，至於它們的精確含義還有待日後的進一步研究。

孩子們都很喜歡玩一些包含著被動接受動作的遊戲，比如被人抱著搖來搖去，或者讓人拋在半空中等。只要他們嘗試過一次，就會沉迷其中，還會不斷要求再來幾次，所以我們說，這種機械性的刺激確實能夠帶來身體上的快感①。

通常情況下，正如我們所熟知的：晃動搖籃能夠使哭鬧的嬰兒迅速入睡，而對於年齡比較大的孩子來說，馬車或火車中有節奏的搖晃對他們還是很有誘惑力的，這種影響會讓很多小男孩在某一時期立志長大後要成為一名駕駛員或馬車夫。那個年齡段的小孩對與鐵路有關的各種活動和消息都有特別濃郁的興趣，甚

> 沒有實際進行性交活動，僅是經由愛撫的行為，包括撫摸對方與被對方撫摸而達到性高潮，這種現象早就已經存在了
>
> ——金賽

至到了讓人無法理解的程度。在青春期之前那個充滿幻想的年紀裏，他們總會以此作為生命的全部重心，並藉此抒發他們對性的全部想像。而這種將坐火車旅遊與性生活相結合的想像，大多源自於節奏感的影響所帶來的身心愉悅。但隨著年齡增長，這種潛抑作用不斷增大，使無數童年的美好幻想轉化成了厭惡的情愫。所以，明明還是那個喜歡火車旅行的孩子，當他成為青年或成年之後，再次面對列車搖晃或旋轉時，就會感到噁心甚至會引發嘔吐。火車上的漫長旅途會令他們身心疲憊，而不再是一種愉悅的享受，他們甚至會在剛一上火車時就有一種莫名的焦灼感，這種感覺被人們稱之為頑固的「火車恐懼症」。

總之，他們絕不希望讓那種痛苦無助的感覺再現。

這種情景的出現還印證了一個我們尚不能完全明瞭的事實，即這種對機械晃動的恐懼，往往會與那種深藏於內心深處歇斯底里式的創傷性心理症同時發作。關於這一點，我們可以這樣假設：這些患者內心深處本就潛藏了很多性興奮，所以很難承受哪怕一點點可能會轉化為性興奮的外部刺激。一旦強制性的接受這種刺激，他們的性機制就會瞬間陷入一種混亂當中。

大家都知道什麼是肌肉的活動，當然孩子們也需要較為激烈的肌肉活動，而且這種需要一旦得到確實滿足，他們就會感到異常的興奮和喜悅，而這種感覺是否真的與性活動有關？這種快感是否真的涵蓋著對性欲的滿足？或者真的能夠促使性的興奮？

面對各種疑問，很多人都曾經以批判的眼光討論過這個問題，甚至還有人認為那種被動接受的快感中確實包含有性的成分。然而事實是否真的是這樣？有很多人曾經說過：他們人生第一次開始覺得性器官興奮，是出現在和夥伴們打架、玩鬧當中。可以這樣分析：在這些場合中，這些人不僅要全身肌肉高度緊張用力，並且還有與對方的肌膚進行親密接觸和摩擦，這些因素都是可能產生性興奮的原因。對於一個孩子來說，如果他特別喜歡和另一個孩子比誰的力氣大，那就說明他成年以後對待異性時，也會像他當年對待同性一樣爭強好勝，喜歡鬥嘴，他選擇的目標對象就是童年的那個玩伴。

俗話說的好：「最喜歡嘲笑你、捉弄你的人，也許恰恰是最喜歡你的人。」通過對肌肉活動的深入研究，我們從性興奮中分析出了產生虐待傾向的根源所在。

幼兒打架往往與性興奮息息相關，這也會對他們日後處理性衝動的方式產生深刻影響，也就是說：他們在以後解決性衝動的時候，往往也會喜歡採用一種和打架相類似的方式②。

透過各種現場觀察和事後的深入探查，我們能夠清楚地得出這樣一個結論：

> 我們的調查數據證明：佛洛伊德所提及的那些新生兒和嬰兒的接觸行為和經驗，對於成年個體的性行為發展而言，並沒有產生任何作用。
>
> ——金賽

很多強烈的情感活動，甚至驚嚇、恐怖等情愫，都與性活動息息相關。這個發現可以幫助我們深入瞭解這類情感的病態特徵。一般來說，學齡兒童都會對即將來臨的考試心生畏懼，甚至連做習題也感到為難。當這種情緒在他們內心不斷積累到無法承受的地步時，就會表現出各種異常：不僅在學校無法與別人好好相處，在性方面也會出現狀況。在這段時間裏，他們通常會被一種莫名的興奮感所驅使，而情不自禁地撫摸自己的性器官，甚至還會出現類似遺精的情況，把自己搞得很難堪。孩子們的這些異常表現經常會令教師們感到很茫然，此時就應該地從孩子最初萌發性欲的方面加以認知和深入研究。正如很多人感覺到的那樣，很多情愫都包含著性興奮的因素，例如恐懼、顫抖、恐怖等，所以，這也是很多人反而很享受這種感覺的原因。不過，很多時候這些感覺的產生都必須被控制在一個安全的範疇內，我們稱之為「安全的距離」，比如在讀書時產生的幻想，或者在戲院裏欣賞戲劇。在這種「距離」中，大部分要求痛苦感覺的想法都會受到壓制。

能夠想像，在上述現象中，都有一種以尋找強烈的痛苦感為歸屬的情色衝動，虐待與被虐待等衝動正是源自於此。而對於正常人而言，微小的痛楚才能讓他們感到滿足的條件，不然，就是在小說、電影中透過幻想來釋放衝動。

最後一種可能產生性興奮的活動是智力活動。當一個人冥思苦想，將所有精力都放在智力活動上，也同樣能產生性興奮。這種情形對年長者及年輕人均適用，但是多發生於年輕人群身上。而我們經常提到一個人如果用腦過度，就會表現為精神緊張，也是同樣的道理。

在本章內容即將結束時，如果讓我們一起來追溯一下能引發孩童性興奮的各種原因，我們就會發現一個普遍規律，那就是：性興奮的過程必須藉由一些動作才能夠完成；當然，對於性興奮的性質，我們還一直不得而知。這一規則可以透過皮膚及感覺器官對性興奮的感受得到證明，我們將身體中最容易興奮，反應最快的部位稱之為快感區，至於性興奮到底有哪些來源，則要根據刺激的性質來定。但是，根據刺激的強弱或痛苦的程度不同，其重要性也是不相同的。

除此之外，如果體內的大多數生理活動的規模足夠大，那麼同樣也能附帶著引起性興奮。我們所提到的性活動中的「部分衝動」，主要來源就是這些性興奮的內部源頭，或者也可能是由這些內部源頭及快感區域幾個方面共同構成。人體所有重要機能都可能會在性衝動的形成中達到一定的作用。

出於以下兩點考慮，目前，我還不能證明自己的看法絕對準確無誤。

> 在上層男性中有很多人都會覺得口刺激是十分自然且具有必要性的性活動，是性交過程中的基本。……但是，低層男子卻很有可能與數百個女性性交過卻一個都沒有吻過。在低層男子看來，口刺激是骯髒、猥褻的或「病從口入」。
>
> ——金賽

這兩點指的是：第一，我所使用的並還不是目前為止最新的研究方法；第二，我們還未能徹底瞭解性興奮的本質。但是無論如何，我們都該在此強調一下，會在未來獲得極大發展的兩個方面。

以上通過對快感區的形成作了深入討論後，我們可以發現，性構造的多樣性可能是與生俱來的，性興奮的間接來源也是如此。可以這樣設想：雖然各種來源可能作用於每個個體，但是性構造的每個因素在每個人身上作用的強度卻不是一樣大的。對於每個人的發展而言，都有其特殊的側重點③。

如果我們拋開慣常使用的比喻，不再使用性興奮的來源一詞，我們就能得出這樣的結論：所有能夠從身體其他功能導向性活動的路線或通路，逆向也能走通。例如嘴部，就是兩種功能同時存在著，即可以透過對食物的攝取來達到性的滿足；相反，在同一個區域的性功能一旦有了障礙，也會反過來影響營養的攝取。同樣，據此我們也可找到注意力集中能夠造成性興奮，而性興奮的程度又可以反過來影響一個人注意力集中程度的原因。一般而言，心理症往往表現為其他一些不屬於性的身體功能性錯亂，而且很多時候我們都能從這些錯亂中分析出性過程的錯亂原因，由此便可看出，很多模糊的、看起來似乎不可理解的症狀，其實就是控制性興奮產生的反面影響，沒什麼神祕的。

其次，性的紊亂也會深入影響身體的其他方面，它在正常人的身上還發揮著這樣的作用：性動機的能量經由這一途徑超出了性目的範圍之外，成功地實現了性欲的昇華。但是，對於這一過程，我們不得不承認，我們目前僅僅知道它在兩個方向上都可以延展，其他方面仍知之甚少。

【注釋】

①直至長大成人後，還有部分人始終記得，作為孩子的他們在被搖晃時所感受到的，那種流動的空氣接觸到性器官後所引起一陣陣的性快感。——原注

②透過對很多心理病例的深入分析，可以證明很多運動當中產生的快樂感都與性相關。很多現代教育家就是依據這個道理來極力引導年輕人去參與競賽性的運動，用以轉移年輕人對性的關注。也就是說：這些年輕人用運動產生的樂趣來取代了性的樂趣，久而久之，就使性活動回歸到了自體享受階段。——原注

③透過深入討論，我們能夠得出這樣的結論：每個人的口腔、肛門及尿道等都能產生樂欲，而與之對應存在的心理方面的特殊性，並不是一種反常或特殊的心理問題。區分正常與反常的標準應該是看性本能各成分在發展過程中參與的強弱程度。——原注

第三章　青春期的變化

—第一部分：性學三論—

青春期的到來會引發各種變化，因為到了這個時期通常幼兒性活動均會發生明顯的變化，最後逐步變為常見的形式。

青春期之前的性衝動大多來自於自體享樂，而到了這一個階段，就逐步轉化為尋找外部的性對象了。過去，每個局部衝動都是單獨作用的，各個快感區域也是各自在其特定的性目的中尋找快樂，而到了這一時期，一個嶄新的性目的出現了，即由各局部衝動所組成的整體去尋找生殖目的。生殖目的的出現，導致的結果是各個快感區都處於生殖區的統治之下。這時，新的性目的在兩性身上會有明顯不同，性發展也就此開始產生分化。男性的性發展前後較為一致，所以更容易探討；女人則更為複雜，她們的性表現有時往往出現退化的形式。

男性的性目的主要是性產物的釋放，這與以前的性目的並不矛盾，同樣，這也能帶來快感。其實，整個性過程的最後階段，或者說最後過程都可以產生巨大的快感。此時，性衝動的主要目的還是繁衍後代，所有的一切都是以此為目的的。也就是說，性衝動的目的已經完全變成「利他」（altruistic）了。這種改造之所以能成功，主要原因是它的過程與過去的總傾向是相符的，與其中包含的所有「部分衝動」在性質上也很相似。

第一節　生殖區的首要性及前期快感

由前文的敘述中，我們明顯地看到了兒童整個性活動發展過程的主流及其最終目的，不過，到目前為止，我們仍無法弄懂其中發生的某些轉變，對我們來說，還有許多未解之謎等著我們去解答。

我們知道：在童年的潛伏期裏，外生殖器的成長曾在相當長的一段時間裏備受壓制，而在青春期內，它的顯著發育卻成為了最明顯也最具代表性的發展歷程。這一時期，內生殖器也發育到了足以泄出性的產物或足以承受這些產物的成熟程度，新生命的形成也因此成為可能。這個極為複雜的器官曾經被閒置過一段時間，所以它總是期盼著有機會能一展身手，它可以透過刺激而引發性興奮。經過觀察，我們發現這種刺激通常源自以下三個方面：一、源自於外部世界，以我們熟知的那些性感區為途徑傳導給內生殖器；二、源自於內在的有機世界，其作用機制尚不明朗；三、源自於那既包含著外來印象又承受著內在刺激的精神世界。這三個方面的刺激同樣都會導致「性興奮」的產生，這種特殊的興奮狀態在精神和肉體雙方面都有明顯的表現，即精神上的緊張焦灼感和肉體上性器官的明顯變化。種種跡象表明，這是在為發生性行為作準備，換句話說，這種興奮狀態就是性行為的準備動作（可見陽具的勃起及陰道腺液的分泌）。

性緊張

與性興奮伴隨而來的還有一種感覺，那就是性緊張。性緊張對於解釋性來說是極為重要的環節，但是，迄今為止，有關這一問題，心理學界並未達成一致的共識。不過，不管怎樣，我始終認為，這種緊張感是絕不會讓人感到不愉快的。的確，這種感覺本身會讓人感到躁動不安，這當然與普通意義上的快感的性質極不相稱，但是，如果我們真的把性興奮的緊張感看作一種不愉快的感覺，卻又發現，它最終還是會讓人感到愉悅；這與它本身對人帶來的感覺是相悖的。所以，我們可以得出結論：性緊張是與愉快感相伴隨而來的。哪怕僅是在性器官的準備階段（如陽具的勃起），就足以讓人有明顯的滿足感。那麼，這種不愉快的緊張感與這種愉快的感覺之間，到底是什麼關係呢？

在現今的心理學研究中，有關快感與痛感的問題始終是個讓所有人頭疼的難題，而我們也只能避實就虛，儘量不觸及根本。首先讓我們回顧一下，那些舊的快感區是怎樣來適應新秩序的。顯然，它們早在性興奮的準備階段就已經身兼重任。例如眼睛，雖然它距離性對象最遠，但卻是追逐對象過程中使用頻率最高的。它常常會被性對象身上發射出來的，也就是人們常說的「美」這一性質所吸引；這一性質也同時被我們稱之「吸引力」。

吸引力在造成快感的同時也喚醒了還處於沉睡狀態的性激動，造成性興奮的猛增。而像手的撫摸等對其他快感區的刺激所產生的效果也與此大同小異：它們引起了快感的預備階段上的各種變化，而各種變化又使得快感加倍；與此同時性緊張也會相應的增加。如果不能引起快感，那麼性緊張就會讓人感到明顯的不愉快。也許這樣來舉例能讓大家理解得更清楚：如果撫摸一個尚未達到性興奮的快感區，比如女人的乳房，那麼，這一動作在引發快感的同時也喚醒了性興奮，並因此激發出得到更多快感的要求。這裏讓我們感到奇怪的是，為什麼前一種快感能引發要求得到更多快感的欲望呢？

前期快感的形成機制

由上文我們可以得知，快感區所擔負的使命是非常明確的：先是透過自身的激動造成一定程度的快感，同時這種快感使得緊張感成倍增加，而緊張感又必然催生出一定量的動能，以完成性行為。這種行為的最後一步是由一個快感區達到一定程度的激動之後來完成的。在這個過程中會再度出現兩種快感：先是生殖區本身，即陽具的龜頭在被陰道的黏膜——這對它來說最適合的對象所激動之後帶來的快感，然後這一快感再透過反射產生動能，最後將性的產物射到體外，從而產生第二種快感。這最後一種快感足以讓人翩然欲仙，它完全是一種經由排泄而達到的快感滿足，在引發機制上絕不同於其他快感，原欲的緊張感至此便全部消失了。我認為，我們應該將經由快感區的激動和源自於精液的排泄所得到的快感區分開來，為此，有必要分別為它們命名：我們把前一種快感稱之為前期快感，把後一種快感稱之為終極快感。

除了幅度較小，前期快感在其他方面基本類似於兒童期性衝動所供給的快感，而終極快感則是隨著青春期的變化，最新才出現的。如果讓我們用公式化的語言對快感區的這一新功能加以表述，那就是：人們之所以能在最後的滿足裏得到更大的快感，完全得益於兒童期所曾取得的前期快感形式；它們每一個都為這種新功能作出了貢獻。

近來，精神生活中另一個極為不同的領域裏出現的類似情形引起了我的注意，這就是：少量的快感可以引發出更大量的快感，而對這一領域的研究也讓我們有機會更深入地探討快感的性質，然而，要注意的是：前期快感與幼兒生活之間可能出現的病態關係，同樣也會逐漸加強，前期快感的表達機制裏的確有可能會對正常的性目的造成極大的威脅。只要它在性的預備過程中，帶來的快感多於緊張感，就會出現問題。

我們由經驗可知，造成這一問題的罪魁禍首是這一快感區（或「部分衝動」）早在兒童期便已帶來了非比尋常的強烈快感。如果在此基礎上再遇到一些能使之固置下來的因素，那麼，就會導致成年後發生強迫性行為——它阻斷了前期快感向終極快感的發展或前進。這也是性反常的形成機制，它們的明確表現就是：在性的整個過程的某一準備動作上停滯不前。我們說，如果能在幼兒期早早將生殖區的首要性描繪出來，就能避免因前期快感而造成的性機制功能失常。而促成此事的最佳時期，就是八歲到青春期，即童年期的後半段。這一時期生殖區的表現已和成人沒有太大差別，假如這時性感區的滿足能帶來某種形式的快感，那麼，這裏便是激動的感覺和準備性的變化發生的地方；唯一不同的一點是，它們沒有確定的結局，性過程隨時會中止。兒童期不僅能感受到快感的滿足，還會出現一定程度的性緊張，不過這種情況並不常見。說到這裏，大家就知道，為什麼我們會在討論性欲的來源時，理直氣壯地聲稱，這個過程本身便已兼有性滿足和性興奮了。當初我們在探討性的真相過程中，曾經對幼兒和成年人的性生活作了過度區分，所以，在此，我們必須作出一些矯正，這就是：幼兒性欲不只表現在偏離正道的人身上，同樣也會表現在在正常人身上。

第二節　關於性興奮

至此，我們的研究還未涉及到那種伴隨快感區的滿足而出現性緊張感的來源與性質。有人認為，這種緊張感其實是快感本身所產生的。這種說法是很荒謬的，因為性物質排出的最大快感不但不會產生緊張，反而會消除一切緊張。這就等於說，快感與性緊張之間只存在間接關係而並沒直接關係。在正常情況下，只有性物質的釋放才是中止性興奮的唯一途徑。除此以外，性緊張與性產物之間，還存在其他一些基本關係。

對於那些禁欲者來說，性活動只能透過夜間的夢境實現，而這種幻化出來的性活動同樣也能釋放出性物質並帶來快感。每一次發洩間隔時間雖然不定，但也是可以預測的。

夢遺機制可以用以下說法加以解釋：因為精液積聚而未得發洩，便造成了性緊張並以這種幻覺式的間接方式發洩出來。這一說法可由性欲能夠預先消除這件事再次得到證明。如果沒有精液蓄積，那麼不要說性的動作，就連快感區的激動狀態也會消失，即使有了適度的刺激，也不會再帶來快感。這也就是說，相當程度的性緊張（或物質積聚）是帶動快感區的先決條件，由此便可推導出，性物質的積聚是產生和維繫性緊張的源頭；這也是大多數人都會得出的結論。這些積聚起來的性產物會對儲存器的器壁造成壓力並對脊椎中樞造成刺激，這種緊張狀態繼續向上傳遞最後直達最高級的神經中樞，便產生了意識上常見的緊張感。快感區的激動只能透過如下方式來增加性的緊張：藉由生理上的通道，各快感區與神經中樞區早就被連接在一起，正因如此，激動的強度隨時可能被大幅提高：遇到適量的性緊張，便能引發特殊的性行為；如性緊張不足，便只會單純造成性物質的增加。

上述理論幾乎獲得了所有人的推崇，但是，它只適合用來說明成年人的性活動，卻忽略了某些特殊情況，以致存在致命的缺陷。這些特殊情況指的是兒童、女人和閹割後的男性。雖然對於這三類人來說，其快感區仍然會服從於生殖區的統治，但因為他們身上根本不存在男人特有的那種性產物的積聚情形，自然也就無法用上述理論加以解釋。

性腺與性欲

由閹割後的男性可知，性興奮在很大程度上與性物質的產生無關。因為在這

> 性夢中的性反應與清醒時的性反應其主要不同點是：在睡夢中，人們從生活中學來的種種自我控制和自我禁忌都很少發揮作用。
>
> ——金賽

些人的身上我們可以看到，他們的原欲往往能逃脫手術閹割的傷害而被保存下來。這似乎驗證了C・里格爾的觀點：如果男性性腺是在成年之後再被除去的，便不會對這個人的性心理產生新的影響。換句話說，就是性腺通常與性欲無關。其實，類似的情形早在我們之前對卵巢割除的研究中就曾出現過，而現在它再一次驗證了我們當時得出的結論，即割除性腺並不能作為消除心理性特徵的手段。當然，如果把閹割時間提到青春期之前性心理較微弱的時候，就可以達到以上目的。但在這種情況下，性心理的消失不只是性腺的喪失造成的，也是其他一些抑制其發展的因素起作用的結果。

間隙組織的化學作用

有關割除脊椎動物性腺（割去睪丸或卵巢）以及對這類性器官施行各種移植手術的動物實驗，讓我們看到了解決性興奮起源問題的希望。這些實驗向我們證明了性物質積聚的重要性。有些人已經在此類實驗中使動物發生了雌雄互換，同時也使它們的「心—性」行為隨肉體特徵一同發生了改變。

實驗結果告訴我們：性腺中影響性特徵的力量是源自於那些被稱為「青春腺」的間隙組住，而並不是由產生精子或卵子的部位產生出來的。要不了多久，相關研究可能就會向我們證明，這種青春腺的分泌物也是兩性的。這將為高等動物的雙性理論提供解剖學上的支撐。當然，這些間隙組織很可能不是體內促成性興奮及性特徵顯現的唯一來源，但這種新的發現非常近似於我們所熟知的甲狀腺對性所發揮的作用。

我們相信，性腺的間隙組織能分泌出一種十分特殊的化學物質，這種物質可以透過血液傳輸作用於中樞神經系統某一特定部位，使之發生變化，從而引起性緊張。一般來講，當某些誤入人體的毒素發生作用時，我們也會見到與此相類似的、「毒」性刺激只作用於某一特定部位的情形。但實際上，到目前為止，我們還不具備研究那些導向性過程的單純毒素或生理性刺激的能力，哪怕只是從理論出發也做不到。但這並不與我的觀點相悖；我只是想吸取這種假設的精髓，或者乾脆說，我只是要保留性作用會受化學變化的影響這一事實，因為僅憑這一點，我們就可以對這種現象作出更新或更合理的解釋。

此外，還有一件事是我必須要提到的，那就是：那些因性生活被擾亂而患病的心理症患者所表現出來的症兆，非常近似於吸毒者或其他上癮症患者發病時的情景。儘管這一事實極少有人關注，但對研究我們所說的這種「化學理論」而言，的確十分重要，也極為有利。

第三節　原欲理論

在上一節的內容中，我們提出了性興奮有著化學基礎這一觀點，無獨有偶，為了理解性生活的心理表現，我們還提出一種輔助性的概念，這就是「原欲」概念。

所謂原欲指的是一種力量，它可大可小，可以被當作測定性興奮領域內的不同過程及這些過程的變態表現標準。我認為：依據來源和所屬心理過程的不同，原欲也應該被加以區分。不論從質上還是從量上來看，不同原欲之間都有顯著的區別。而我們之所以要將原欲能量從其他心理能量中分離出來的原因，是旨在建立這樣一種假設：機體性活動是經由特殊的化學變化過程而獲取其營養的，性部位不是性興奮的唯一來源，全身各器官都能產生性興奮。如此一來，我們就為自己建立起了一種原欲量子概念，我們稱它在心理中的表現為「自我原欲」。這種自我原欲的產生、增加、分配和轉移，能幫助我們更好地解釋「心—性」現象。

然而只有當「心理能」投注於性對象上面，化為「對象原欲」時，我們才能透過精神分析法來對自我原欲的情形作出最後的解釋。此時，我們或是能看到它聚集或凝固於對象上，或是能看到它離開這些對象而投向另一些對象，此時的自我原欲本身已經暫時地或部分地消失了，它已經轉化為了個人性活動的狀態；這也為「轉移型心理症」的精神分析提供了借鑑。

至於「對象原欲」，我們在前面曾經提到：它會先從對象撤回，並在一段時間內表現為一種緊張力，直到最終收回到自我之中，再度變成自我原欲。為了有別於「對象原欲」，我們還可把自我原欲稱為「自戀原欲」。

在精神分析領域，想要觸及自戀原欲幾乎是不可能的。我們唯一能做的就是遠遠眺望自戀原欲的一切活動，並且構想出自戀與自戀原欲之間的關係。

我作了這樣的假設：我們可以把自戀或自戀原欲當成一個大存儲倉，力量能從這裏投射出去，最終又會回到這裏。當我們還是孩子時，自戀原欲就開始了對自我的投資，但之後，因為原欲的不斷擴散，這一現象逐漸被掩蔽積存在最低層之中。

我之所以要構想出這樣一套原欲理論，並以此來解釋心理症及精神病的病態狀況，是因為「原欲」一詞既簡單明瞭又可以用來表達所有可見的現象以及可知的過程。顯然，自戀原欲的自然（或命定）傾向在這裏發揮著極其重要的作用，甚至可以被用來解釋那些更深層和更嚴重的精神病態。然而與此同時，還有一個問題不容忽視，那就是：到目前為止，我所使用的研究方法，即精神分析法，還無法將自戀原欲從它所處的那混沌一片的能源中單獨分離出來，而只能為對象原欲的「變型」提供一些比較確切的資料，所以，我現在所提出的原欲理論還得不到現實依據的支撐，而只能依靠推想。

如果有誰試圖用榮格的方法來精簡原欲概念，使它與精神本能的整體完全吻合，那必會使精神分析為此所付出的努力付之東流。正如我所說，性功能有著特殊的化學基礎，正是基於這一點，我才會堅定地將性本能的興奮與其他精神活動區分開來，從而使「原欲」的概念依舊保持前面所說那種較狹窄的意義。

第四節　男女之間的分化

人們普遍認為，自青春期開始，男女性特徵開始出現了明顯分化。不同於其他因素，這種分化的結果最終決定了今後人格的發展。而實際上，男女之間天性方面的差別在嬰兒期時便已經很明顯了。比如害羞、厭惡、同情等性壓抑情形，出現在女童身上的時間明顯早於男童，而且受阻礙的程度也較輕。儘管女童的性潛抑傾向更為明顯，性的「部分衝動」也多為被動形式，然而兩性之間快感區的自體享樂活動並不會因此而產生多大的差別。正因如此，我們才無法斷定，在青春期前的兒童時代便已存在性的分化。

我們甚至可以這樣判斷：在自體享樂和自慰式的性表現方面，女童的性活動完全是男性風格的。實際上，若是對「男性的」與「女性的」這兩個詞的確切含義詳加研究，你就會發現：只有原欲的對象才有男女之分，至於原欲本身，在所有人身上都一樣，都是男性的。

男人與女人的首要快感區

這裏我還要補充一點，那就是女性的主要快感區在陰蒂，與男性的陽具相類似。就我們所觀察到的一切來看，所有女童的自慰行為並不會發生在外生殖器上，哪怕它們對以後的性功能發展來說是比較重要的，相反，這一切卻幾乎都脫離不了陰蒂。

大多數情況下，我們都想像不出女童除了陰蒂手淫之外還能被誘導著去做些什麼，陰蒂部位的痙攣，是女童身上偶發的性興奮最常見的表現。透過陰蒂部位的經常勃起，女童可以無師自通地正確理解異性的性表現——只要以己度人就可以了。

想要瞭解一個女童是如何變成女人的，弄清引發陰蒂激動的根源是我們首先要解決的問題。我們知道：青春期是男孩原欲得到明顯發展的階段，但同時也是女童性潛抑得到進一步加強的階段，這一點在陰蒂性活動方面表現尤為突出。與此同時，女童身上的男性特徵（開始人是雙性的）也在這種潛抑作用之中逐漸減少。

如上所述，青春期時，潛抑作用在男女身上發揮的作用是不一樣的：對女人來說性抑制在加強，對男人來說原欲受到進一步刺激並因此而被激發出更大的能量。男性對「性」的估價隨著原欲的加強而變得越來越高，而女人越是拒絕和否認自己的性欲，越能得到異性對自己的高估，由此一場男對女的追逐便拉開了帷幕。當性行為開始時，第一個激動起來的自然就是陰蒂。如同引燃硬木燃燒的松樹枝一樣，陰蒂會把這種激動傳達到與之緊鄰的女性性器官上面。不過，這種轉移作用的發揮通常是需要一段時間的。

眾所周知，女性性冷感往往只是表面和局部的；即使她們的陰道不敏感，但其陰蒂和其他快感區卻都會感到激動。性冷感不僅是生理因素造成的，精神上的因素也同樣會發揮作用，而且，這一因素同樣也會受到潛抑作用的影響。對於女人來說，一旦性感的激動從陰蒂轉移到陰道上這一過程順利完成，那麼，之後性活動的首要區就會發生徹底改變；而男人的成長發育過程中卻無需這種交換。女性性活動首要區的這種轉換以及青春期的潛抑作用，是造成女性易患心理疾病，尤其是歇斯底里症的主要根源，這些現象與女性性質是密不可分的。

> 在分析性反應時千萬不能忘記的一點是，男女的外生殖器，實際上是同構造和對應的。兩個月大的胎兒只有胚胎式外生殖器，沒辦法根據這個來判斷胎兒性別，是後來才分別發展為男性的陰莖和女性的陰蒂。
>
> ——金賽

第五節　尋找性對象

自青春期生殖區的首要性得到正式確立之後，男人那勃起的陽具便激烈地要指向新的性目的，即穿過那能夠使其生殖區激動起來的「空洞」。此外，源自於孩童時代尋找性對象的準備工作也於這一時期達到了心理上的成熟。

我們說，嬰兒期的性滿足與攝取營養的活動是合為一體的，此時的性本能所指向的性對象是母親的乳房，而它顯然是存在於嬰孩體外的。之後，當小孩子意識到這一點時，性本能便失去了性對象，並由此轉變成了「自體享樂」。直至這一潛抑期結束，二者的關係才被重新建立起來。也正是出於這個原因，吸乳的嬰兒才會被當作一切愛戀關係的原型，而其後一切有關對象的尋找，實際上都是對這種愛戀關係的重新發現。

嬰兒期的性對象

然而，即便性行為不再與攝取營養的活動結合在一起，這種最原始和最具威力的性關係也同樣存在。它會一直發揮作用，促成對象的選擇並重築那失去的（與對象結合的）快樂。

兒童會在整個潛伏期內學習如何去愛那些能滿足他們的要求，以及能幫助他們擺脫失望的人，而事實上，這是在延續吸吮母乳的原始性感模式。也許有人會覺得把兒童對照料者的愛戀和尊敬看作性愛的說法聽起來十分刺耳，但我要說，上述事實必會隨著精神分析法的進一步發展而得到證明。不管是誰來照顧孩童，他們之間的來往都會帶給孩子持續的性激動以及快感區的滿足；大多數時候，承擔照料者角色的都是孩子的母親，而從母親不斷地撫摸、搖晃甚至親吻孩子的行為中，我們又意識到母親對幼兒的感情是源於她本身的性愛。

當然，在母親看來，這一切的愛撫都是很純潔的，而且，在愛撫過程中，她已經儘量避開觸碰孩子的性器官，所以，若是母親發現她的愛撫將會激發孩子的性本能，並加強這種性本能在以後的強度，她也許就會為此自責不已。

要知道，並不是只有在生殖區受到直接刺激時才會激起性本能，那些在人們看來本與情愛無關的動作，也會在日後對生殖區的感受產生影響。我們應該明確一點：那就是如果母親能多瞭解一些性本能在整個心智生活的發展（包括一切道

> 佛洛伊德和精神分析學者們，對性本身及性活動做出了自己的定義，他們皆認為性活動起源於新生兒和嬰兒時期。
>
> ——金賽

德的和精神的成就）中所產生的重要作用，也就不用再為自己的行為自責了。說到底，她所做的一切也只是在執行自己身為母親的天職，教導孩子如何去愛。當然，每個最後成長為性欲旺盛的健康男人的孩子，在其一生之中，會因任何刺激而激起性的衝動，然而，不容忽視的是，父母的過分溺愛很可能引起孩子的性早熟，對孩子造成更大的危害。因為這些孩子從小就被嬌寵慣了，所以長大之後，哪怕缺少一丁點的愛撫，都會讓他覺得不滿足，而這種不滿足可能就會成為他將來變成心理症患者的最清晰跡象。反之，與正常的父母比較，那些心理病態的父母也更容易對孩子表現出過分的寵愛，而他們的這種行為也會使小孩沾染上心理症的症狀。這就等於說，那些患有心理症的父母往往會經由一種比遺傳更便利的途徑，把他們的疾病傳遞給自己的孩子。

孩子的不安

在單純天真的孩子身上，我們似乎可以看到，他們的表現就彷彿知道自己對照料者的依賴隱含著性愛的意味一樣。孩子之所以會感到不安是因為他們害怕失去自己所愛的人，而這同樣也是他們害怕所有陌生人的原因。很多孩子身處黑暗中會感到害怕，很多人將這一點歸咎於保姆，說是她們講的妖怪和吸血鬼的故事把孩子嚇壞了，這未免高估了這些故事的影響，因為如果孩子能在黑暗中握住親人的手，就不會再害怕了。事實上，真正能被這些故事嚇到的孩子，都是那些本身有著膽小傾向的小孩，而對於其他小孩來說，這根本毫無影響。如果一個孩子承受過多的撫愛、性本能過分發展、過早發育又難以滿足，就會變得十分嬌弱。大人也是如此。當他們的原欲得不到滿足時，便會變得不安和焦慮；反之，當成人因原欲不能滿足而焦慮不安時，也會表現得像個孩子，例如，害怕一個人獨處時。這就說明：他因離開所愛的人而缺乏安全感，所以在試著一種帶孩子氣的方式來緩解這種恐懼。

警惕亂倫

所以，我們說：雙親對兒童的「過多情愛」，很可能在孩子還未達到青春期的生理狀態之前，就過早地將其性本能喚醒，並將這種嚮往經由生殖系統最終表現出來。如果兒童能幸運地躲過此劫，那麼，等到長大之後，成年人具有的柔情就會告訴他該怎樣去選擇性對象。

很顯然，對於兒童來說，童年期那具體微妙的原欲愛戀對象，為他選擇性對象提供了一條捷徑。不過，因為性成熟向後延遲，所以他們仍有足夠的時間

> 有些精神分析學家曾宣稱，他們還沒有見過不存在亂倫關係的病人。但是，我們的調查以及任何其他大規模調查中都沒有發現有這種情況發生。
>
> ——金賽

來築起防止亂倫的堤壩，並發展出一些能夠抑制性的途徑。而這一切發展的結果，就是構建於其道德中的「血親不可通姦」禁令。藉由這種方式，兒童就會在選擇性對象時將童年所愛慕的人排除在外。

從嚴格意義上講，這道道德堤壩的構建本是社會所確立的一種文明要求。社會始終不願使家庭的關係過分親密，因為這會阻礙更高級社會單位的形成。正是出於這個原因，社會中的每個人，特別是那些青春期的男孩，才會想方設法疏遠他和家庭之間的關係——這種原本是兒童時代所特有的、不能或缺的關係。但是，青年人最早的對象選擇也存在於他們的想像中，他們全部的性生活也都局限於並不容易實現的種種縱情幻想之中。在這些幻想裏，幼兒期的種種傾向會一再顯示出現，但不同的是，其中已經摻雜了肉欲的成分。其中最重要的就是對父母親的性衝動——他們已經開始按照自己性別的不同而分別受到母親或父親的吸引了。換句話說，就是兒子總喜愛母親，而女兒則與父親親近。在青春期，對這種明顯亂倫幻想的克服和放棄，是一段最重要也最痛苦的精神歷程，而隨著這一階段的完成，孩子就脫離了父母的管制。這一歷程對於文明的發展來說意義重大，因為這一事件的出現標誌兩代人之間對立的形成。當然，在人類必經的每一個發展階段上，並不是所有人都能一往直前。同樣，在青春期，也並不是所有人都能擺脫父母的管制，他們或是不情願地撤銷這些不安全的情愛，或是根本無法撤回。在這方面，女孩表現得尤更為明顯：很多女孩在青春期後，仍對父母保留著全部幼兒式的愛，這往往會讓父母極為欣慰。可是，這樣的女孩在結婚後往往並不能盡到作妻子的本分，這一點卻格外發人深省。她們往往對丈夫很冷酷，在房事上的態度也是可有可無，並不在意。由此可見，性愛與對父母的純淨之愛源於一處，只不過後者僅是幼兒期原欲的固置罷了。隨著我們對病態的「心—性」發展觀察得日趨深入，我們會越發認知到亂倫式對象選擇的重要性。這種性「放棄」使得心理症患者用來「尋找對象」的大部分甚至是全部「心—性」活動都被封鎖在潛意識中，正因如此，那些既過分渴求情愛，又恐懼性生活真正需求的女孩子，才會在其性生活中實現其所謂的「非性愛理念」，或是用一種不會讓自己內疚的情愛，即附著於幼兒期的愛戀將自己的原欲隱藏起來。這種對父母或對兄弟姐妹的愛戀，大都會在青春期時復萌。由精神分析法我們可以得知，事實上這種人就是在與自己的血親戀愛。之所以這樣說，是因為精神分析法已經透過這種症狀和這些症狀的其他一些表現，對他們潛意識中的思想作了澄清，並最終完成了潛意識到意識的轉化。而一個健康的人會因為失戀而致病，同樣也是他的原欲退回到了自己幼兒期所依戀的對象上所導致的。

幼兒對象選擇的後續影響

就算一個人能僥倖不被原欲固置到亂倫方面的傾向所擾，也必然會受到它的影響，所以，我們才會時常看到：一個年輕男人的初戀對象往往是一個成熟的女人，而一個女孩常會愛上一個有權有勢的老人，這顯然是我們剛才所討論那一階段發展歷程的回音。實際上，他們所愛的這些人身上都帶著他們的母親或父親活生生的身影，雖然有時表現得不是特別明顯，但每當他們選擇對象時，幾乎都會以此為原型。男人尋找的目標對象是能替代其母親形象的女人，因為這個形象自兒時起便一直佔據著他的心靈。而若是他的母親仍然健在，就可能會對自己兒子找來的這個替代她的人十分不滿，更有甚者還會心生敵意。因為幼童與父母之間的這種關係在他後來選擇性對象時發揮著至關重要的作用，所以任何一種對這種關係的干擾（或損害），都將嚴重影響他成年時的性生活。就連情人的嫉妒心理，也能從其幼年的情況中看到端倪，或者至少會受到幼年經驗的強化。如果父母經常吵架，或是婚姻不幸福，他們的兒子便很有可能在性的發展中發生錯亂，甚至出現心理問題。在幼兒的心中，對父母的情愛佔據著最重要的地位，這種感情會在青春期時復萌，指導著他們對性對象進

> 不同社會階層之間存在的某些最根本的區別與界限，在青春期之前乃至三、四歲時便已經向兒童進行了灌輸並已經為他們所感知了。父母、成人都在向一個三、四歲的兒童傳導著現今社會所持有的性態度。
>
> ——金賽

行選擇。當然，這並不是影響性選擇的唯一力量。除此之外，還有一些源自於童年的經驗會成為伴隨孩子一生的素質，種種因素綜合作用導致他的性的發展不只指向一個方向，而影響其性對象選擇的原因也是錯綜複雜的。

性倒錯的預防

在性對象選擇中，最關鍵的就是它必然要指向異性，但是，這一點並不是那麼容易就能做到的。青春期後的初次衝動有可能會迷失方向，但是一般來說，這種迷失都不會造成太嚴重的後果。在一八九四年時，德索（Desoir）就曾指出，青春期的男孩和女孩，常常會與同性結成感傷的伴侶。而顯然，異性性特徵間的相互吸引力是最能抵制這種性對象的永久顛倒的。雖然在這裏，我無意詳盡闡述這一點，但我必須提醒大家，這種吸引力並不是消除性倒錯的制勝法寶，除此之外，還有很多別的因素也能發揮作用，其中最主要的就是社會性的權威禁忌。之所以這樣說，是因為我們可以看到，越是在那些不把性倒錯視為違法的地方，就會有越多的人表現出這種傾向。

此外，因為男人在幼兒時期受到其母親或其他女性照顧時的情愛，總會出現於日後生活的記憶中，所以，這股極強大的力量也會引導他們去接近女人。而因為父親總是在他早年進行性活動時充當阻攔者的角色，所以他與父親之間就形成了一種競爭關係，這使得他們更容易遠離同性。女孩亦然。因為在她們的性活動中母親充當了監視者的角色，所以會對同性產生敵對情緒，這有利於她們在日後的性對象選擇上走上正常的方向。對於那些受男人教育的男孩（在古代，老師總是由奴隸充當），似乎更容易導致同性戀。在今天，那些出身貴族名門的男人最多出現性倒錯，其原因也只能歸結於他們多使用男僕以及母親對兒子的疏遠。我們在某些歇斯底里患者中發現，那些因為父母離婚、分居或者過早死亡而失去父母一方的孩子，其全部愛情皆被剩下的一個所吸收，因此決定了這孩子在日後選擇性對象時所期望的性別，最終導致了永久性的性倒錯。

青春期早或晚對同性性行為產生的作用，要遠比佛洛伊德哲學中的伊底帕斯情結（戀母情結）重要的多。

——金賽

第六節　概要

現在，是時候來對上面的論述進行總結了。我們從性本能的對象和目的方面的變態現象著手，探究了這些現象究竟是源自於先天傾向，還是後天的經驗造成的。透過運用精神分析法，我們很快地就弄清了那些還未偏離正常狀態太遠且數目眾多的心理症患者的性本能狀態，並為上述問題找到了答案。我們在這些人的潛意識中找到了所有種類的性反常傾向，而它們在心理症症狀的形成過程中達到了重要作用。所以，我們說：心理症其實是性反常的另一種表現，或者說是一種負面現象。我們因性反常現象的廣泛存在而推導得出，性反常是人類性本能中最基本以及最普遍的癖性。在成熟的過程中，性行為要經過機體的變化和精神的壓制才能得到正常的發展。也正是出於這個原因，我們才希望能夠看到這一基本癖性在幼兒身上便已存在。

在前文中我們已經指出，羞恥感、厭惡、憐憫、社會所建立起的道德規範以及各種權威力量等，都將達到限制性本能發展方向的作用。而我們也可因此將一切脫離常態的性變異看作是整個性發展的中斷和幼稚病。雖然性反常的表現各有不同，但它們與真實生活的影響力之間並不是對立關係，相反的，二者是相輔相成的。此外，我們說性反常並不單純，所以，性本能自然也就應被看作是多種因素的集合。只不過，在性反常現象中，這些因素卻獨立出來，各自為營。由此，我們可以既把性反常看作是正常發展的中斷，又把它看作是正常本能的土崩瓦解。如果要我們對此作個總結，那就是：成年人的性本能源自於幼兒期的多種衝動，這多種衝動組織合併起來以後，又指向了一個單一的目的。

在找到了為什麼在心理症患者中性反常傾向佔據優勢的原因之後，我們又向大家證明：若是這種傾向的主流被「潛意識作用」阻止，就會走上歧路而形成病態症狀。為此，我們還對兒童時代的性生活進行了研究。我們還發現：人們認為總是錯誤的將這一時期的性表現看作是不正常或不常見的，且大多對幼兒性本能的存在持否定態度。由研究可以得知，這種看法與事實完全不符。幼兒性活動的根基是天生的，其實，早在攝取營養的時候，他們便已享受了性的滿足，之後，又常常透過吸吮手指等活動重複體驗這種滿足的體驗。不過，從表面看來，幼兒的性活動與其他身體功能的發展並未同步，而是在經過了二～五歲的繁盛期之後，又進入了所謂的潛伏期。在此期間，性興奮雖不曾中斷，能量也在持續積聚，但卻是為達到性以外的目的服務的：它在為性的成分套上社會性情感盔甲的同時，又經由潛抑作用和反向作用建築起了一座堤壩以便日後用來防阻性欲。總之，早在幼兒時期，那種把性本能限定於某一特定方向的力量就已經具備了基礎，此後，它又藉助於教育，讓我們捨棄了反常的性衝動。不過，在幼兒期，很多性衝動可能會逃過這種力量的控制而表現出來。我們還發現：在導致幼兒的性興奮的多種來源中，最多的也是極重要的來源，是從快感區的適當興奮中得到的滿足。我們曾經說過，我們的任何一寸皮膚、任何一個感覺器官，都有成為快感區的可能；區別只是在於有些快感區更敏感，稍受刺激便會藉助某種機制而興奮起來。其實，性興奮只是機體活動發展到一定程度時所產生的副產品，特別是那些伴有強烈感情因素——不管是讓人感到開心還是痛苦的機體活動，會更容易引起這種性的興奮。幼兒時代的性本能顯然未與性對象結合在一起，所以，可以認為這一時期的性興奮是以自體享樂為主要特徵的。顯然，生殖區快感早在童年時代就已初現端倪：或是與其他快感區一樣，在適當的感性刺激之下便獲得滿足；或是以一種我們未知的方式，從其他一些來源中獲得滿足。

到目前為止，我尚無法合理解釋性滿足與性刺激之間、生殖區與性欲的其他來源之間的關係，對此，我也深感遺憾。透過對心理症的研究，我們發現：早在兒童性生活的起始階段，性本能的各成分便已經開始聚合。起初，主角

> 社會的贊成或反對態度會對兒童產生極大的影響作用。只需要一次嘲笑、一次責斥或一次體罰，就會使兒童對某些他初次出現的行為產生困惑，而後便不會這樣去做了。
>
> ——金賽

是口唇快感；之後，第二個性器官前期的聚合主要表現為肛門快感與虐待癖的出現；直至第三期——性生活最終定型，真正的生殖區才會參與其中。在瞭解了這一情況之後，我們接下來意識到，其實，早在二～五歲的幼兒期性生活中，就已開始了性對象的選擇；這一現象令人十分驚訝，而且，我們還看到，這一選擇活動幾乎囊括了幼兒所有的心智活動。正因如此，我們才會在明瞭這一階段各種不同的本能成分尚未彙聚，性目的也不確切的情況下，仍將這一時期性活動的發展視為以後形成確切的性體系的基礎。

我們應該更加重視人類的性發展被潛伏期分離為兩個階段這件事。因為在我看來：它既對人類文明的發展至關重要，同時也可能會帶來某些心理症傾向。而據以往的研究可知，這種現象在人類的動物近親身上卻並不存在。我猜想，這種獨屬於人類的特性很可能起始於人種剛剛出現的史前期。到底幼兒的性活動有多少是未超出正常範圍，不會危及其未來發展的？到目前為止，我們尚無法給出準確答案。幼兒的性表現大多是自慰性質的。許多經驗已經證明，各種外在的影響和引誘都可能導致潛伏期的中斷或停止，以致兒童出現各種性反常表現。而所有與此相類似的早熟的性活動，都會減低兒童的可教育性。

儘管我們對幼兒期性生活的認知並不深刻，但仍不能放棄探討青春期來臨時所帶來的各種變異。我認為，這一時期有兩件事在發揮著至關重要的作用：一是所有性興奮的其他來源都開始服從於首要的生殖區；二是尋找性對象的歷程正式開始。而在幼兒時期，這兩件事在幼兒時代還都處於萌芽狀態，性興奮也只是經過「前期快感」機制而得以完成的。換句話說：就是之前只存在於自體之內的性的興奮和滿足，現在卻變成了一種為達到新的性目的（性產物排出）的預備性動作，這個新的性目的的形成，在帶來無比快感的同時也使得性的興奮消失不見。

接下來，我們又探討了性欲中男性與女性的分化，並發現，對於女孩來說，想要真正成為一個女人，就要經由青春期時的潛抑作用，拋棄幼兒的男性性特徵，以突出其首要的生殖區。而幼兒對他的父母或照顧者的愛戀，這種潛伏在童年期，復萌於青春期的力量則對性對象的選擇起著決定作用。不過，他們往往並不會真的選擇自己的父母或是照顧者作為自己的性對象，而是會找和他們相似的外人，這得益於防止亂倫的堤防早已建立起來。

最後，我們還要指出：青春期內肉體與精神兩個方面的發展並不是並行的，直到強烈的情欲衝動震撼了生殖器的神經系統，情欲功能才會實現身心合一，達到了正常狀態。

干擾性正常發展的因素

在性發展的漫長歷程中，隨時都可能受到阻止或固置。正如我們多次指出的那樣，諸種力量匯合時舉凡出現一丁點失敗，都可能使性本能瓦解。所以，現在我們要對於會針對性發展產生干擾的諸多因素分別加以評判，弄清楚它們到底是怎樣造成了這種傷害的。

以下，我們為大家列舉出了一些會干擾性正常發展的因素，儘管它們並不是都同等重要，但要對它們逐一進行評判，也是需要勇氣的。

體質和遺傳

最先浮現在我們腦海中的必定是「先天性」的變態性體質這一因素。儘管我們應該多關注這一因素，但實際上想徹底瞭解它並不是件容易的事，我們只能透過患者日後的表現去對它進行推測。一般來講，這種變態很可能是某種性興奮的來源被特別強化造成的，然而，即使是正常人，也可能發生這種癖性強弱不均的情況。由此我們再次推導這種異常的性生活很可能是由一種完全不受其他因素影響的因素直接導致的。我們可以將這種生活稱為「變質性」的，而這種「變質性」來自於遺傳，對此我深有體會。在我用精神分析法治療過的嚴重歇斯底里症和強迫性心理症患者之中，有五〇%以上的病人的父親在婚前得過梅毒，有些還得過脊髓癆或全身麻痹症，有些則從其病歷上查到以前患過梅毒。這裏，我要強調的是：對於那些後來有心理症的兒童來說，他們遺傳的不是梅毒的症兆，而是

弄清楚兒童是如何學會穿衣、吃飯和說話，這相對來說要容易得多，而想要瞭解性成長過程就難上加難了。

——金賽

變異的體質。儘管我並不認為父母患梅毒是導致子女心理症體質的決定性因素，但這層關係顯然也絕不是偶然的或是不重要的。

因為患者的有意隱瞞，所以我們很少能瞭解到性反常的遺傳情形。但這並不能阻止我們把心理症方面的情形應用到性反常現象上面，因為我們發現，心理症患者與性反常患者往往來自於同一個家庭，而這種病症在兩性之間的分佈上，也很有趣：假如一個家庭有男人患了「正面的」性反常症，那麼，這個家庭中必會因其與生俱來女性潛抑傾向的作用，而成為「負面的」性反常者，也就是我們常說的歇斯底里症患者。由此可以判定，這兩種病症之中存在著一種必然的關聯。

後天的影響

當然，我也同樣無法苟同構成性生活的各種體質因素一旦形成，便立刻決定了性生活的式樣這樣的說法。我認為：即使在這樣的前提下，各種制約「性」的力量仍會構成性欲的一個支流，其力量大小，都會產生直接的影響。一般情況下，那些大體相似的體質會因以下三種後天影響而產生差異極大的結果。

一、潛抑作用

潛抑作用會使過於強大的先天性傾向受到鉗制，並產生與之前截然不同的結果：此時，儘管性興奮依然能夠出現，但因為它們已在精神上受到極大阻礙，所以只能走上歧路，表現為一種病態。當然，這種人的性生活也可能是很正常的，但心理上卻是不正常的。經由精神分析法對這種心理症的分析，我們現在對這種病症已不再陌生。這種人的性生活在開始時極其近似於性反常患者，他們中的大多數人在幼兒階段就已經有了性反常行為，有的還將這種性反常行為持續到成年之後。此時，潛抑作用開始出現並阻止了性行為，於是，性反常狀態消失了，心理症卻出現了，當然，一同存在的還有性衝動。總之，性反常是可為心理症所取代的，而我們也可由此意識到，就像我們之前說的，性反常和心理症患者可以同時出現在一個家庭，呈現在的不同性別的家庭成員身上，心理症其實就是性反常的反面表現。

二、昇華作用

昇華作用是先天病態傾向發展中受到的另一種影響。它能為性欲的過強激動找到一個出口，以致原本並不安全的傾向，轉變為一種能夠大大提升精神工作效率的因素。這常常就是藝術創作的源泉。根據我們對昇華作用的各種解析，和對那些有著高超藝術天賦氣質的人物性格所作的探討，我們發現，這種人的性格往往是由高效率、性反常和心理症三個方面按不同比例混雜而成的。

此外，還有一種昇華作用表現為反向作用造成的壓抑。這種壓抑會出現在幼兒潛伏期中，如果發展順利，甚至可以伴隨終生。我們常常會談到人的「性格」，其實，在構成「性格」的諸多要素中，性方面的東西佔據了很大的成分，此外，自幼兒時代便已固置的本能衝動在昇華作用影響下而得到的結果，還有其他一些用以有效地防止無用的反常性衝動的裝置也必不可少。幼兒期種種奇特的性反常因素可以透過反作用，刺激德性的成長，所以往往會成為造就我們性格的某種重要來源。

三、性欲的釋放

如果異常的先天傾向在發展中仍能保持不變，那它就應該隨著青春期的到來而越發強大，並導致反常的性生活。迄今為止，人們仍無法對異常的先天傾向作出透徹的分析，不過還是可以找到一些實例來證實上述說法的。許多這方面的專家認為，這種性反常的固置必須以天生就較弱性本能為基礎，在我看來，這種說法過於極端，我顯然無法苟同，但我們可以換一個更明晰的說法，即這種性反常是以先天的生殖區脆弱為前提的。因為這種脆弱，生殖區無法再將其他性活動置於自己的統治之下，以致它們各自為政，無法再以生殖為目

關於低頻率現象，有一種著名的理論，叫做「性慾昇華」，即把性能量轉化既而釋放於文學、藝術、科學或其他社會所讚賞的各個領域中去。

——金賽

的，或者乾脆這樣說：因為生殖區的軟弱，青春期內的各要素無法再聚合起來，以至於生殖區被性欲中其他一些較強的部分所取代，由此便出現了性的反常現象。

四、偶然性的因素

潛抑作用、昇華作用和性欲的釋放，這三種後天因素在性發育的過程中所造成的影響是所有其他因素所望塵莫及的。至於導致潛抑作用、昇華作用的內在原因，目前為止，我們尚未知曉。也許，有些人認為，我們也可以把這兩種機制當作先天素質的一部分，或者說，是先天素質在生活中的表現。由此，就會順理成章的得出「性生活的最終形態是先天體質自然發展的結果」這一結論。但是，很顯然，我們無法忽略個人在兒童期和成年期內所經歷的某些偶然事件，它們也必定也會對性的發展產生一定的影響。至於說先天體質因素與後天偶然因素哪個在性發展中占的比重大，現在還無法得知。如果從理論出發，也許會偏向前者，但醫療實踐卻一再提醒我們，後者才是更重要的。不管怎樣，我們都不能忘記，這二者之間並不互相排斥，而是相輔相成的：後天偶發因素以先天體質為出現的基礎，先天體質因素只有藉助具體經驗的刺激才能表現出來。很多時候，我們都能看到二者在此消彼長地互補著發生作用。當然，有時也會出現一些極端的例子，即似乎只有一種因素在發揮作用，但是，如果你比較重視因童年期的早期經驗所造成的偶發因素，那麼，同樣可以運用精神分析法，將單一的病因體系劃分素質的和確定的兩種因素。其中，前者是天性和偶發經驗聚合成的一種素質；後者則完全是日後的創傷經驗，這些經驗很可能使人受到退化作用的影響進而回復到較早期的發展上去。

現在，讓我們繼續原來的討論，來列舉一下那些能影響性發展的因素。這些因素中有些本身就是一種作用力，有些則只是這種力量的表現。

性早熟與時間因素

性早熟是對性發展影響最明顯的一種因素。不過，儘管性早熟是導致心理症的病因之一，但它並不是最根本的原因。

早熟通常表現為幼兒潛伏期的中斷、縮短和中止，而此時的性表現要麼是反常的，要麼是錯亂的。這既是性抑制不完全，也是生殖系統發育不全造成的結果。

這種錯亂的傾向也許會一直持續下去，也許已經在潛抑作用的影響下變成了心理症症狀的動因，但不管怎樣，性早熟總會使得高級的心智慧力在日後更難控制性本能。此外，它還增加了性本能衝動在精神上的表現。

我們常常會看到性早熟與其他智慧方面的早熟相伴出現，這一點，在一些能力強、智商高、聲名顯赫者的幼年時期就能覓到蹤跡。當然，此時它已不再像單獨出現時那樣具有致病的危險了。

與性早熟一樣，其他一些因素與發生時間的早晚也有莫大的關聯。各種本能衝動開始出現的時間順序似乎早在物種發生史中就已經被預設好了：從它們的出現直到被新的本能衝動代替，或是被某種強大的潛抑作用而抑制，所用時間的長短，都是固定的。但是，在時間順序和長短方面也存在變態現象，而這種變態往往決定著最終的結果。這種順序極其重要，之所以這樣說是因為潛抑作用的效果不可以逆行，所以一旦時序發生變化，就會導致出現意想不到的結果。還有，那些極為強烈的本能衝動，往往持續的時間非常短暫，比如那些在後來表現為同性戀的人，起初在與異性關係中的衝動卻表現得相當強烈，而那些曾在童年期沸騰不息的情感也不一定會一直持續到成年之後，它們要麼會消失，要麼會被相反的傾向所取代。

因對時間順序的研究會涉及生物學甚至歷史學的知識，所以迄今為止，我們還無法對此進行深入探討，這個問題只有留待後人再去研究了。

早期印象的持久性

毋庸置疑，「性」的種種早期表現對於人的發展中有著極其重要的作用，但對於決定這一切的某種精神因素，我們目前的研究還只停留在將它假設為是一種心理觀念的階段。我們應該注意到：凡是後來變成心理症患者或性變態的人，都對早期性印象有著持久的或敏感的反應，而普通人卻不會對此有什麼深刻的印象，因此，也就不會在不經意間重複它，更不會讓性本能肆無忌憚，橫行終生。這種早期經驗之所以能持久存在很可能是由造成心理症的一個精神因素導致的，這就是對過去記憶的幻影，在病人心中，這些幻影將最近的印象全部覆蓋住了。事實已向我們強有力地證明，這個因素來自於心智教育，且受教育程度越高影響越深，反之亦然。這是因為文明與性的發展之間是成反比存在的，兒童的性生活過程對於低級的社會文化形態和高度發展的社會而言，其重要性有著雲泥之別。

固置作用

上述精神因素和某些突發經驗的刺激混合在一起，就為幼兒性欲的發展鋪設好了溫床。後者常常在前者的幫助下被固置下來，成為永久的性奇異。很多性生活的變態現象以及心理症中出現那些對正常性生活的偏離，大都源自於幼兒的早期印象；儘管在很多人看來，這一時期並不存在性

> 對社會上層人士來說，所有有關乎於性的社會行為都被看作是道德問題，而道德這個概念又被視作為性道德的同義詞。在這個階層中的很多人都會相信：違反性道德的行為是一切不道德行為中最為惡劣的一種。
>
> ——金賽

欲。

是什麼導致了這種症狀的出現？我們說：體質、性早熟、早期印象的持續以及性本能因受外界影響而受的刺激都能直接造成這種現象。最後，我必須指出：因為我們對構成性欲本質的生物學歷程一無所知，無法形成一套能涵蓋常態和病態情結的理論，所以我們對於性生活的探討仍存在很多不盡如人意之處。

—第二部分：愛情心理學—

第一章　男人對象選擇的特殊類型

「戀愛」的條件是什麼？換句話說，人們到底是根據什麼來選擇自己喜歡的對象的？當一個人在現實生活中找不到自己心目中的完美對象時，他又是怎樣經由幻想來滿足自己的需求的呢？從古至今，浪漫的詩人和充滿想像力的作家們一直在描述和研究這一問題。從這方面來說，文學家確實很適合做這種事情：他們知覺敏銳，能夠深入探查他人的潛在生活情感，並對其做出清晰的透視，而且他們也有很大的勇氣去揭示心靈深處的一切。但是，如果從探索真理的角度去衡量，他們作品的價值又不免會大打折扣。

原因是很多文學家會受到各種條件的限制：他們一方面要不影響到讀者的情緒，另一方面又要引起大家在理智上和審美中的一種快感。因此，他們在交流時就無法做到有話直說，而只能拋棄部分真相，代之以別的東西，從而有效地避免各種無關緊要的因素干擾，保證整體的完整性。這是文學家獨享的特權，也就是「詩的破格」。

雖然很多文學家對生命極盡溢美之詞，但他們卻不太關注心理起源、發生與發展等。為此，我們必須從科學的角度出發，對幾千年來，讓詩人們讚歎不已同時也能為人們帶來快樂的那些材料反覆加以研究並進行深入探討。當然，很多時候，我們會力不從心，也未必能得到令人滿意的結果，但這種不愉快恰好從反面證明了一點，那就是我們對兩性的愛情研究或其他事情的研究不是什麼藝術手法，而是完全合情合理的。越是研究，我們就將越發深切地體會到，人心對於背離「快樂原則」的接受度到底有多高。

舉例來說，精神分析家常常能進入患者的情欲世界進行研究，且大都對此印象深刻。他們中的很多人還聽說過：那些高智商的健康人也與那些病人一樣經歷過同樣的內心痛苦。如果他足夠幸運，就能夠觀察並收集到很多材料，並且能夠得到更為明確的印象，那麼，這些足以支撐他將人們的戀愛方式進行分類。

男人對性愛對象的選擇也是多種多樣的，這裏，我們先討論其中的一種；這種人的「愛情」是如此的不同尋常，以至於身邊的人都對此感到迷惑不解。不過，精神分析法卻能為此找到明確的解釋。

一、這種類型的人在選擇愛情時有一個必要條件，那就是不論何時，他們的選擇對象都必須滿足「受到迫害的第三者情結」這一條件，換句話說，那就是：這類人只會愛上那些已經被別的男人愛過或佔有過的女人，並不在乎她們是否有或是有過丈夫、未婚夫或情夫。他們絕不會愛上少女或寡婦等沒有歸屬的女孩，甚至有時還很鄙視她們，這種態度一直持續到這些女孩和別的男人產生關係時才會改變。

二、第二種條件雖然不常見，但是也很顯著。有時它會與第一種條件一起組

> 人們一直都認為，妓女都是為單身男性而準備的，在婚男子多次或長期嫖妓，會被認為是不必要和不可理解的。
>
> ——金賽

成我們所說的這種類型，有時，只由第一個條件便可組成。

第二種條件是：在他們眼中，那些純真的女孩不具備任何魅力，他們只喜歡那些生活不檢點，貞操有問題的女人。這種特徵本身也有很大差別，一個香豔的有夫之婦，一個情夫眾多的女人或是妓女，對他們來說都很有吸引力，換句話說他們只愛放蕩的女人。

總之，這種人的愛情總是離不開這兩個條件：第一個條件可以讓他為了自己所愛的人去與另一個男人爭鬥，藉此滿足自己的敵對情感；第二個條件是因為這個女人的放蕩能激起一種嫉妒情緒。對這個男人而言，只有這種嫉妒能讓他熱血沸騰，而這種嫉妒心裏越是強烈，那個女人在他心中地位就越高，甚至達到一種高不可攀的位置。

他們總是時刻注意女方的行為，甚至一點點小事也能讓他妒火中燒。但是，令人費解的是，他從不會嫉妒這個女人的合法佔有者，比如她的丈夫，他的嫉妒對象一直都是她的新歡，甚至是任何一個可疑的陌生人。他在很多時候其實並不想單獨佔有她，而是很滿足於一種三角關係。我就曾經遇到過這樣一個病人，他經常因為情婦的放蕩偷情而終日鬱鬱寡歡，然而，後來他聽說女方要結婚了，不但沒有反對，反而大力支持。在其後很長一段時間裏，他甚至一點也不嫉妒那個丈夫。還有一個典型的例子：男方本來十分嫉妒初戀對象的丈夫，一直強烈要求女方與其丈夫離婚，可是後來卻逐漸改變了想法，甚至能像對待普通男子那樣對待情婦的丈夫了。

以上我們所描述的是哪種女人才會成為這種異常類型男人喜歡的對象。接下來我們要來看一下，這種男人是如何對待自己的愛人的。整體來說，有以下兩種情況。

一、不同於一般人對貞潔女人的敬重，對放蕩女人的蔑視，這些人往往會對那些輕浮的女人愛得發狂，這種愛情能令他們神魂顛倒，無法自拔。他們總是認為，只有那樣的女人才是這個世界上唯一值得愛的女人，但一旦愛上之後，他們又會要求她們完全忠於自己。這樣的愛情註定會帶來折磨。當然，正如我們所知，不論哪種熱戀的行為，或多或少都會帶有強迫的性質。但是這種男人的強迫症程度還要更深一層，當他們愛上了一個自己不該愛上的女人時，他們往往在這種強迫衝動的驅使下，表現得更加無法阻止。他們愛得熱烈而專注，而他們的一生會出現很多次這樣的機會。這種事會不斷出現在他們的生活中，而且幾乎每次都是上一次的翻版。伴隨著這個人生活條件的改變，比如說遷居或改行，他們的情婦人選也會隨之改變，到最後，他們這種經驗會越積越多。

二、我們會在這種人的性格中看到他們渴望拯救對方的欲望，這很讓人吃驚。他們深信對方是需要他的，甚至認為如果沒有自己的幫助，她們一定會行差踏錯，下場淒慘。所以，他就會在無形中充當對方保護人的角色，而保護對方的方式，就是好好管住她，不讓她出去見人。

我們說，如果一個女人真的因為放蕩習慣了，沒有人願意相信她，或是確實無依無靠，生活窘迫，那麼這種保護的衝動還是情有可原的。但事實是，就算沒有上述情況出現，他的這種保護欲望仍然非常強烈。我就曾經接觸過這樣一種人，他們平時對女人體貼照顧，極盡溫柔之能事，一旦得到一個女子，就會想法設法讓她對自己保持忠誠。

現在，讓我們現在來總結一下這種人的各種特徵：首先，他們選為對象的這個女人必須是屬於別的男人的；而且她們必須是輕浮和放蕩的，並且他也需要這種輕浮和放蕩，因為這能夠激起他強烈的嫉妒心，而且每次這種嫉妒心都會深入骨髓。他雖然言之鑿鑿，但每次都不能保持長久；他們總是喜歡對另一半表現出強烈的保護欲等。若是想從這種表現中分析出一種單一的原因，乍聽起來不容易，實際上並非不可行。因為，精神分析法會幫我們找到滿意的答案。如果對這些人的性生活進行深入分析，我們就會發現，這些男人在選擇對象的時候，往往會選擇對象的條件和一種奇特的愛戀方式，而這一切的根源與常人無異，即幼兒時代對自己母親的那種愛慕之情的固置。

這種固置可能表現為各種形式，這裏我們提到的只是其中的一種。正常人對對象的選擇總是保留著一種「母體原型」的痕跡，比如年輕人對成熟女人的一種愛慕之情，但是他們這時的原始欲望中，希望脫離母親的衝動還是很明顯的。而這種類型的人就完全不同，他們的原始衝動在母親的身上投入了太長時間，所以，即使超過了青春期，母親的特徵也會永遠地影響著他們對愛人的選擇，這一點從自己的愛人與母親之間的相似程度上就能找到端倪。所以，我們可以針對這種現象打一個非常有意思的比方：如果嬰兒能夠順利地出生，那麼他們的頭通常是又大又圓的；如果孩子在出生的時候難產，導致生產時間過長，那麼他們頭部的形狀就像是從母親的骨盆中雕塑出來的。

當然，僅就此判定這些人的愛情基礎和愛戀方式都是源自於情結還不夠，我們還必須拿出一些合理的證據來。第一個條件是最容易論證的，即「所愛的女人必須屬於別的男人」，或者說「不能缺少被傷害的第三者」。

基於這一點，我們能夠立刻聯想到，如果一個男孩子是在家庭環境中長大的，那麼，在他看來，母親就是父親的附屬，那才是母親的根本性質。這類人在戀愛中所表現出的那種專一性，說明他的愛人在他心中的地位是至高無上，無可取代的，就像小男孩的觀點一樣。在小男孩心中，只有一個母親，他特別渴望和母親親近，任何人也取代不了。

如果這種人真的把自己愛戀的對象視作母親的替身，那麼，我們又該如何解釋，他看似對一個一個女人忠貞不渝，但事實上，在他的一生中卻可能會不斷地變換戀人這一現象呢？這難道不是互相矛盾的嗎？

我們說，在其他方面的精神分析中，我們能夠發現一個顛撲不破的規律：如果人的潛意識一直對某種東西狂熱的愛戀著，認為那種東西在他心中無法被取代，那麼就會表現為一種永不停歇的追逐過程。因為，替身永遠不能與真身相比，也永遠無法讓他滿足。比如，小孩到了一定年齡後就會變得好奇心特別重，這種現象該做何解釋？事實上，他們只是想問那個他們最為關心的話題，只是不知該如何說出口。同理，那些整天喋喋不休的精神病人，也是因為內心一直隱藏著某種祕密的壓力，特別想說個痛快，但是卻無法開口。

談到愛情的第二個條件，也就是比較偏愛那些具有淫蕩性格的對象。這點好像和母親的印象完全不吻合，甚至是完全相悖的，因為二者之間好像根本不可能有因果關係。在成年男子心中，母親貞潔神聖，如果聽到別人攻擊自己母親的品行，哪怕是稍有微詞，都會讓他備感恥辱。如果自己也胡亂猜測，就會更加痛苦。顯然，母親和「妓女」是一種鮮明的對比，引發了兩種情結，即戀母情結與偏好淫蕩女人的情結，我們將會對這兩種情結做深入研究，探索二者是否在潛意識上存在某種

> 在我們的調查中發現，一些西班牙男性和歐洲其他國家的男性，因為他們對妻子有著一種和他們敬畏自己母親、姊妹和所有未婚的「體面」女孩一樣的敬畏，所以根本沒辦法和自己的妻子進行性行為。結果一些生長在這種文化中的男性，即使在結婚之後，仍然會繼續和妓女或者女僕進行性行為，獨獨不理自己的妻子。
>
> ——金賽

關聯。

一直以來我們就發現，兩種在意識中互不相容的東西，也許在潛意識中恰恰屬於一體。由此，我們可以孩子在青春期到來之前的一段生活。在那個時候，他偶爾會接觸到一些成人性生活的模糊事實，而這種私密的瞭解，大都是透過口頭流傳的粗鄙不堪語言實現的，其用詞充滿了對性生活的鄙視，要麼極其惡毒，要麼充滿敵意。

這種對成人性生活的認識，顯然與長輩在孩子們心中的威嚴形象大相徑庭。

第一次接觸到這些事情的小孩會立刻聯想到自己的父母。在很多時候，他們往往會這樣反駁：「我的父母絕不會做那種事，你的爸媽才會那樣子做。」伴隨著這種「性的啟蒙」，他們又瞭解到，這個世界有很多女人是靠性謀生的，而這種行為是被世人所不齒的。但是小男孩永遠不能理解這種鄙視是為了什麼。

只要他瞭解到，這種女人也能賦予他大人們才有的那些特權，也就是說，可以透過這樣的女人來證明自己已經成為一個成年人了，那麼，當他進入這種生活領域後，就會對這種女人既渴望又畏懼。隨後，他們也不再相信，他們的父母沒有做這種幾乎人人都做的「醜惡」性行為。所以，只能自我解嘲地說：既然從本質上講父母和妓女們做的是一回事，那麼母親和妓女也就沒有太大的不同了。

長大後，他們的所見所聞又重新喚醒了他們童年時的印象，那時的欲望和感情也都開始重新甦醒。於是他們在這些性知識的鼓動下，再次欲求得到母親和仇視礙事的父親，也就是說，他會再次產生伊底帕斯情結①。

令他一直心懷不滿的是，母親只允許他的父親與她發生性關係，而他卻沒有這種特權，這簡直太不公平了。如果這種激情無法排解，就只有藉助別的手段來將它發洩出去。

這種手段就是，將母親幻想成各種奇怪的形象，而這將造成更強烈的性刺激，最後只能透過自慰來解決。因為戀母情結與仇恨父親的傾向往往同時出現，所以他通常會幻想母親的不貞。在各種幻想中，那些和母親有私情的情夫，又通常與這個男孩有著相同的性格，也就是說，在他的想像中，他希望自己長大成熟後能夠與父親相匹敵。

我經常提到的「家庭浪漫史」，指的就是在那個時期，小男孩會藉由各種奇特的幻想編織出各種一廂情願的結果。

只要我們瞭解到那個時期孩子們心智的發展情況，再看男人為什麼會偏愛性格放蕩的女人這一現象也就不足為奇了。顯然，這種情況應該與戀母情結有關。對於我們討論的這一類型男人來說，早年的情欲明顯對其身心造成了難以磨滅的影響。而他日後所做的一切，都透露著他青春期之前的想像痕跡。同時，我們還能清楚地發現，青春期的過度手淫也是導致這件事的原因之一。

在清晰的意識中，支配著這個人現實生活中的愛情幻想和「拯救」愛人的衝動，兩者並沒有任何必然的關聯。就算有關係，那種關係也並不密切。也就是說，如果他愛的人本身很放蕩，很不專一，那麼就會很容易陷入麻煩之中，而他應該使自己的愛人意識到貞節的重要性，不再繼續做壞事，以這種方式來保護她。

然而，遮蓋性記憶、各種幻想和對於夜夢的研究告訴我們，這種解釋只是對人類潛意識的一種合理化處理，因為人們在潛意識中是不好意思承認自己的某種行為或思想的，所以就會找一些看似合理的理由來搪塞自己。

「夢的繼發性加工過程」往往能夠混淆我們的視線，同樣，「拯救」一詞的出現也有著其自身的原因和特殊的重要性。

事實上，這與「戀母情結」或者說是「雙親情結」是脫離不了關係的。當孩子聽說自己的生命是雙親賦予的，或者說是母親生下他的，他在感恩之餘就會想要儘快長大成人獨立自主，以便能夠早日以某種珍貴的東西回報父母的恩情。可以這樣設想，一個男孩為了維護自己的尊嚴，甚至可以說出這樣的話：「我從未

> 在清醒時的性行為中，女性比男性更依賴直接的肉體刺激。但是在性夢中，不論男女，都主要是依賴心理刺激。
>
> ——金賽

想過要從父親那裏得到什麼，他現在給我的一切我都會加倍還給他。」他還能為此編出各種幻想，比如他在某次危險中救了父親一命，這樣他就算報了父親的養育之恩，然後就可以坦然地離開他了。在很多情況下，這種幻想要經過包裝才能夠進入意識，所以這種「拯救」的對象往往不再是父親，而是變成了皇帝、國王或某個大人物，最後這些幻想會轉化成詩的素材。

大多數時候，「拯救」的對象都是父親，這其中隱含著保護自尊的意味；如果拯救對象換成了母親，那麼其包含的就是一種感恩之情。母親賦予了他生命，這無以為報，但是只要在潛意識將「拯救」一詞稍作改動，那麼那種感恩的欲望就能夠得到滿足了。這裏，他選擇的也是唯一能回報母親的方式就是給她一個孩子，或使她再有一個孩子。不過，這個孩子一定要酷似自己。這種改變其實和那種救母親一命的幻想極其相似，而且母親給了自己生命，作為回報，再還給母親一個酷似自己的生命，這聽起來很合理。

為了感恩自己的母親，作為兒子的，他力圖使母親能夠擁有一個像他一樣的孩子，而作為感恩圖報，同時，這就也是「拯救」的本質。透過在這種幻想的世界中，他在無意中用自己代替了父親，與此同時，也便滿足了自己的所有天性、喜悅、愛情、恩情、欲求、自尊、自愛和自立。

在這種「含義轉換」中，「拯救」的危險一直不容忽視。因為一個生命的出生背負著母親的苦難，本身就是一種潛在的危險，所以人們常常把生命的出生視為整個人生中的第一大危機。事實上，這種危機也是日後人生旅途中各種危機的原型，這種經驗會一直深深地根植在人們心中，所以導致了各種「焦慮」的情緒產生。人們對這種危機有一種難以言喻的恐懼感，在蘇格蘭的一個傳說中，因為主角馬克多夫在出生時，不是從他母親的陰道中生出來，而是從「她的子宮中直接蹦出來的」，所以從來不知道恐懼。

古代的解夢專家阿特米多魯斯曾經說過：對於同一種夢境，因做夢者的不同而具有不同的含義，所以也需要不同的解釋。這是很有道理的。

在這種潛意識中，規律性的東西也能夠根據幻想著的男女性別不同而有所區別，也就是說：對於男性來說是讓別人生個孩子，而對於女性來說是自己生個孩子。這種「拯救」的衝動在夢中及幻想中非常重要，如果夢境或幻想涉及到水，這個重要性就更為明顯了。如果一個男人夢到他從水中救起了一個女人，那麼就意味著他想讓這個女人生下他的孩子。而若是當一個女人夢見從水中救出一個人或一個小孩時，那就意味著她會生下這個孩子，就像摩西神話中法老的女兒一樣②。

有時對於拯救父親的幻想也會摻雜著感恩的情感。在這種情況下，它通常會將父親放在兒子的位置上，也就是說，想像有一個像父親那樣的孩子。所有那些關於「拯救」的觀念和「雙親情結」的關聯中，只有一種情結是我們所討論這類人的典型特徵，那就是想「拯救」自己所愛女人的衝動情愫。

這裏，我不想對這種以觀察而推演出的理論進行深入描述，我將重點討論那些有著鮮明特色的極端例子，就像討論「肛門樂欲」一樣。大部分人身上只有一兩個能夠觀察到的特徵，而且還是偶然事件，所以，如果不深究其根源，只從偶然反常的現象出發，就會陷入一片混亂當中，根本找不到頭緒。

【注釋】

① 即愛戀自己的異性父母親，仇視自己的同性父母親的情結。——譯者注

② 《舊約全書》中「出埃及記」第二章記載。為了躲避埃及法老搜殺以色列男嬰的法令，摩西的母親把剛出生的他藏在了河邊蘆葦叢裏，結果正好被法老的女兒發現並收養，取名為摩西，意思就是「我把他從水里拉出來」。——譯者注

—第二部分：愛情心理學—

第二章　陽萎——情欲生活中的退化現象

退化現象

對於一位從事精神分析的醫生而言，在各種複雜的焦慮症中，最常遇到的病例當屬「精神性陽萎」。讓人驚訝的是，這種奇怪的毛病往往多出現在性欲很旺盛的男人身上，其最主要的表現就是在迫切想要進行性行為時，性器官卻不肯合作，而實際上，他的性器官本身毫無問題，完全具備性行為的能力，就算在性行為過程中，他本人那種急於縱欲的心理驅動力也是非常強大的。

這種病症很多時候是當問題發生，也就是只在和某些女人發生性行為時才會出現，其他大多數時候都很正常。通常他會覺得是女方的某些特質壓抑了自己男性的某些機能，甚至很多時候他還會努力讓自己忍受那種壓抑的感覺，就好像內心有種力量在阻止其去行使自己的意志。但是他不明白那種內在的抗力到底是什麼東西，也不清楚到底是女方身上的什麼問題而導致了這種阻力。如果他和同一個女人的性交總是失敗，那麼他就會約定俗成地把這歸結為是第一次的不成功所導致的，而每當回憶起第一次的失敗，又會加重他的焦慮，讓他受到更大的干擾，從而導致失敗不斷上演。那麼，到底是什麼原因導致了第一次的失敗？這只是一種偶然的現象嗎？

很多精神分析學家都曾針對這種心理性陽萎先後發表過很多研究性的論文。我們能夠從精神分析學家的治療實踐為這些論文找到注解。這種機能的失常現象應歸咎於陽萎者內心各種無意識情結的影響力——那些患者本身沒辦法從對母親和姐妹的亂倫性固置中走出來。由於嬰兒期經驗的痛苦印象無意中被激發，再加上各種其他原因，從而最終導致他在面對某個女人時，深深地感到「性能力」不足。

對於那些比較嚴重的心理性陽萎者進行深入詳細的精神分析，往往會發現那些病症很嚴重的患者受到以下心理因素的支配：在成長的過程中，原始的欲望發生了停滯，從而暫時無法達到我們認為的正常位置。

這同樣也是很多精神失常患者致病的原因。健康正常的愛情往往是溫柔而執著的愛情和身體肉感的情欲二者相結合的產物，但是在那些病例中，顯然就不是這樣的。在這兩種感情中，較早出現的是執著的柔情，它出現於兒童最弱的那段時間中，是基於「自衛本能」形成的，其對象通常指向家庭成員或照料兒童的人。

這種感情從最初就帶有色情的成分，是性本能的一部分，這一點，不管是觀察兒童的早期生活還是對成年心理症患者進行分析，都能察覺到。這種柔情其實代表的是嬰兒早期的性對象選擇，此時，性本能和自我本能並存，並以其對象為對象，重視他所重視的，因此，當「自衛的」肉體需要得到滿足時，性本能也得到了滿足。

雙親及保姆在對小孩的疼愛中常常無意識地包含一些色情的東西，這就使得自我本能中色情成分的重量大大增加，當它累積到一定程度後，再加之能夠指向同一目標的環境因素的作用，就必定對未來的發展產生影響。

當嬰兒的這種感情固置發展到兒童期的時候，就已經包含了各種色情因素，不過此時還不明顯，至少從表面上看來還不是為了追逐性快樂。之後，伴隨青春期一起到來的是對肉感成分的追逐，此時這些情感的目標指向也無法隱藏。它們必然會隨著早期標定的道路一直走下來，而且會以比現在更強大的原始欲望投入到嬰兒期初次選擇的對象上。

但幾乎同時，那些提防亂倫的保護牆已經完全建立了起來，消除了他與對象間產生性關係的可能性，藉此，便能在最短的時間內擺脫這些不適合的性對象，然後去其他地方找尋，從而建立起合適的性生活。透過觀察發現，這次選擇的新對象和在嬰兒期時選擇的對象不光在形態上非常相似，並且也逐漸找到了原先只投注在母親身上那份眷戀的柔情蜜意。就像舊約中提到的，男人必須在到達一定年齡後，離開父母，去選擇與他的妻子相處，只有經由這種方式才能使柔情和肉感融為一體。以這種健康的方式發展下去，那種肉欲之情就能夠發揮出巨大的力量並使愛情變得更加美好。

原始欲望能否正常發展下去，主要取決於下面兩個因素。

第一，如果在現實生活中選擇新對象時受阻，或根本找不到適合人選，自然就談不上什麼「選擇新對象」了。第二，到底什麼時候他該放棄對嬰兒時期對象的迷戀，這種程度通常和兒時對快感的投注成正比。如果上面兩個因素都很強大，那麼心理症的一般性機制就隨之形成了。在這種情況下，如果原始欲望脫離了現實世界，就會陷於幻想中，無法自拔，這會使嬰兒期性對象的印象更加強大，並固置於其上。不過，為了避免亂倫，這種迷戀只能在潛意識中進行。

在這一時期，肉慾所帶來的激情只能依附於潛意識中這種對象的形象上，如果這時的情欲以自淫的形式得到滿足，就會進一步加深這種固置。如果在現實生活中，那些尋找外部對象的步驟未能完成，就會用幻想取而代之；二者從本質上來講是一樣的。這種幻想最後以自淫的方式結束，儘管從意識形態上仍然是以外在對象作為選擇，但是那些所謂的對象只不過是潛意識中原始欲望的性對象的替代品而已，藉此，幻想就順理成章地成為了一種意識。除此之外，這種取代對於原始欲望轉化為外界方面而言幾乎沒有什麼意義。

在前人類家庭裡，例如在野生動物中，是依靠雄性首領的強大體力來進行統治。在這樣的組織中，成年個體之間幾乎沒有任何伙伴關係，後代依靠母親來獲取大多數的照料和保護。

——金賽

所以，對一個年輕人而言，他潛意識中仍會將情欲放在那個亂倫的對象身上，也就是說，也許仍然固置在亂倫的幻想中。如果任其發展，最終就有可能導致「徹底的陽萎」；當然，如果剛好患者的性器官比較弱也會造成這種情況，但與前一種因素相比，它始終是次要的。而所謂的心理性陽萎症就是前一種因素發揮作用，但程度較輕的結果。

然而，肉慾的情欲不是一定要依附於眷戀的柔情當中，也許它本就十分強大，可以不受任何干擾，找到自己的出路。而這類人的性行為通常都會有著很明顯的特徵，所以很容易被發現。多數時候，肉慾的情欲會因失去了這種柔情而表現的多變且容易激動，甚至有時候還有些手忙腳亂。

儘管這樣，但是往往並無法從中得到什麼樂趣。更重要的是，由於它與柔情蜜意無關，所以就會嚴格控制自己對對象的選擇範圍。儘管也有很多肉欲方面的訴求，但是卻會避開能引起柔情的對象。換句話說，原本那些非常值得愛的女性，可以引發他們敬仰的女性，卻無法勾起他們的性欲。所以，他雖然也會對那種高雅的性對象無比敬愛和憐愛，但是卻不會涉及到色情方面。

這類人的愛情生活能夠分成兩種不同的層面，一種是不涉及肉體的、精神層面的，也就是我們常說的柏拉圖式的愛情；另一種是俗世的、獸性的肉體愛情。這類人對自己真心愛著的人產生不了性欲，而那些能夠引發他們性欲的女人，他們卻又不愛，最後，他們選擇尋找那些他們根本不愛的女人去盡情發洩，來避免自己的欲望會玷污自己深愛的女人。因為擺脫不了「敏感的情結」以及「被抑制東西的恢復」這兩大定律的影響，所以，如果他為了自己原始的性欲而尋覓女人時，偶然發現了一個和他潛意識中深藏的女人形象有些相近的女人時，那麼這個女人身上一定有某些特徵能夠讓他喚起對某個女人，比如母親的回憶。而在這種情況下，面前的這個女人就是無論如何也要避免的性對象，也就是說，他在心理上必須對其加以拒絕，由此，心理性陽萎就出現了。

只要性行為的對象近似於亂倫對象，那麼就會在無形中高估這個性對象。如果想要避免這種尷尬與痛苦，就不得不降低對性對象的評估。而隨著性對象被低估，肉欲就變得肆無忌憚，與此同時性能力也能得到了高度的發展，緊接著快感也會迅速達到高潮。除此之外，還有一個因素也在發揮作用，那就是如果讓這些情和欲所無法同時共存的人像正常人那樣進行性行為，那麼他們根本不可能感受到任何樂趣。

對於他們來說，只有那種和普通人的性行為不同或完全相反的性行為才能激起他們的熱情。但是，他們又經常會為了面子而仍然尋求異性對象，而那些對象就是一些地位較低又缺乏價值的女人而已。

在上一章中我們講到了一個男孩曾將自己的母親幻想成妓女。那個動機在現在看起來還是有一定道理的，至少它代表著在幻想中，他已經嘗試著讓自身兩種極端的愛情源泉互相流通，具體表現就是將母親的形象降格為發洩肉欲的對象。

在前面的討論中，我們一直是以從醫學院心理學為出發點的角度來探討性的問題的，儘管這種討論不切合本章的主題，其實那種探討並不符合標題，但是為了我們能夠深入理解，這種探討還是很有意義的。

到現在為止，我們已經知道是什麼造成了心理陽痿——病因在於愛情中的情愛和情欲兩個方面配合上的失利。同時，我們還意識到一個問題，就是這種性抑制是在整個發展過程中，先受到孩子早期顧及後來防止亂倫的阻礙，後又在現實中屢屢受挫才最終導致的。我認為，對於這種理論，人們可能提出最強烈也可能是唯一的反對意見就是，它尚未能就所有人罹患心理性陽痿的原因作出合理解釋。

正因如此，有些人能夠躲避它，而有些人卻無法逃避，因為這其中實在是涉及到很多因素，比如孩童時期的強烈固置，對於亂倫的禁制及青春期以後很多年間性發展受到嚴重阻礙等。只要身處文明社會，就無法逃開這一切，也無法避免心理性陽痿的廣泛存在。由此看來，基於對性的各種抑制表現，也就根本稱不上什麼病態。

我們說，要是我們認可是「量」的因素決定著疾病的形成，那麼，上述反對的理由就根本站不住腳。因為大家都知道，疾病是其中的每一個成分積累到一定「量」的結果。不過，我們不僅不會據此去進行駁斥，要做的反而剛好相反。

我的觀點是：心理性陽痿存在的普遍性絕對超乎一般人想像，在現代社會中，每個人都不同程度的帶有這種傾向。如果我們將心理性陽萎的含義進行一下擴展，那就不僅是指那些性器官正常，希望能從房事中得到樂趣，卻因為陽痿而無法正常性交的類型，還包含了其他一些並不明顯的現象，比如說有些精神衰弱的患者，雖然能夠像正常人一樣行房事，但是卻無法從中感到一絲樂趣，而且這種情況的普遍程度已經遠遠超乎常人的想像。通過精神分析法的研究我們可知，這種病的發病病因基本近似於我們通常所說狹義上的心理性陽痿。與這些精神衰弱的男人相對照的是那些患性冷淡的女人。

也就是說，那些女人對待愛情的態度與那些男性心理性陽痿的患者頗為相似，而且在數量上也不相上下，只不過女性的症狀不明顯而已。

所以，如果我們從廣義上分析心理性陽痿症的含義，也就是包含一些症狀不明顯的表現，那麼我們就必須承認，現實世界中，大部分男人的性愛行為都或多或少有一定的心理性陽萎跡象。在這個世界中，還沒有幾個人能夠將情感和情欲完美地融合在一起。當面對自己真心所愛的女人時，男人的性行為往往會受到抑制，而只有當其面對較低級一點的性伴侶時，他才能自如地發揮。

當然，這也可能是其他一些原因造成的，比如他不願意要求他所尊重的女人配合他那些反常的性滿足，不管怎樣，我們知道，只有當其全身心投入時，他的性欲才能夠得到完全的釋放，但是，在他受過良好教育的妻子面前，他卻比較拘謹，不敢盡情地放縱。鑑於這種情況，他只能找尋那種不太高尚的性對象，比如那些行為不檢點的女人等。因為只有在面對那樣的女人時，他才不會產生道德的焦慮感，同時，因為對方也不瞭解他的生活狀態，所以也不會對其提出質疑。

換句話說，就是他的柔情都放在了自己所愛的女人身上，卻將性能力都投注到自己找尋到的那個放蕩女人身上。這也就是為什麼我們會看到一個社會地位很高的男人，卻喜歡找那些社會地位很低的女人做長久的情婦，甚至會和她結婚。這是因為，從心理學意義上來分析，只有選擇這種低級的女人做性對象時，他們才能達到完全的性滿足。

我堅信，在文明社會，愛情生活之所以普遍存在這一問題的主因與心理

> 實際發生的異性亂倫現象，要比醫生和社會救濟人員想像的少很多。當然，也許會有很多的男性曾想過要與他的姊妹、母親及女性近親進行性交，但是，這種想法並不是普遍的，而且通常只發生在男性年輕時的一段短暫時間內。
>
> ——金賽

性陽痿是相同的。它也由下面兩個因素導致，一是兒童時期強烈的亂倫固置；二是青春期發展中尋找性對象受阻。雖然這看起來有點自相矛盾，而且不太雅觀，但是事實就是如此。

當一個男人真正戰勝了對女人的敬意，真正擺脫了那種和母親或姊妹亂倫的羞恥感，他就能真正自由地享受愛人，但是這卻很難做到。對於任何男人來說，只要一想到那種事就會忍不住直流冷汗並會約束自己的性欲。因為在這類人的內心深處，性行為是非常令人不齒的，顯然，產生這種偏見的後果是很嚴重的。那麼，這種病態的原因是什麼呢？如果他能夠克服內心的阻力，就能意識到，其實那種阻力主要來源於少年時代的遭遇，當時他身體的性衝動已經形成，可是在身體發育成熟同時，卻要極力壓抑那種感覺，既無法亂倫，又無法在別的地方得到很好的釋放。

在這個文明的社會中，女人也被各種所謂的「教養」所累，其程度也會因男人對她們異常的表現而顯得更為嚴重一些。也許男人到了她面前，所有的男人氣概都蕩然無存；也許在最初把她想像的貌若天仙，但是一旦真正擁有了她，就會立刻將她看低。無論是對女人的高估或是貶低，對男人而言都沒任何益處。

女人通常不會高估男人，自然也就必降低其性對象的價值。因為她們長期在避免性愛的壓抑中生存，所以她們的全部感性欲求都只能在夢中得到滿足，長此以往，因為各種色情活動通常以一種淫亂的意念形式存在，所以她們在精神上已經淪為性無能者，而一旦某一天性活動成為一件很正常的事時，她們就會變成性冷淡者。同樣的道理，很多已婚的女人在婚後很長時間都恥於性活動，還有一些女人則對性活動表現得異常冷淡。但是，如果這種性關係如同夏娃的禁果一般摻雜進犯禁或祕密的成分，就會極大帶動起她的性興奮。而這種偷來的樂趣，自然無法從她丈夫那裏得到滿足。

我認為，女人的愛情中需要一些犯禁刺激的原因，和男人需要性對象身份較低是相同的，兩者都是在社會倫理的法律產生後，性成熟和性滿足彼此競爭的產物，其目的都是為了克服因為情和欲沒有協調好而導致的心理性無能。但是，儘管出自同樣的原因，在男人與女人之間的結果卻完全不同，具體表現就在於二者在性行為上的不同。在文明社會中，女性往往會經歷很漫長的等待，久久不會逾越性活動的壓抑，所以提到犯禁通常會與性愛關聯起來。而對於男性而言，在那個階段，通常表現為降低性對象的標準來打破那種禁忌，並且在今後的愛情中也會一直延續這種愛情模式。

現在，在性生活不斷開放的今天，我仍需再次提醒讀者們，精神分析研究和其他科學研究是相同的，並沒有任何不公正。如果是透過患者的病症去作研究，那麼，在這一過程中，精神分析法也並沒有將假設強加在事實中，而是基於事實基礎上得到的理論。如果研究出的事實真相能夠幫助社會狀況得到改進，那自然是最好的結果，但是，如果這些所謂的改革一旦發展起來，如何把握那個尺度，會不會導致更多的犧牲，那就不是我們現在能夠預測的了。

正如上面提到的，文化教育會限制愛情生活，從而導致很多男性降低對性對象的選擇標準。這裏我們會暫時放棄那個問題，重點討論某些和性本能相關的現象。

因為在早期無法享受到性愛的感覺，導致人們在結婚後本可以盡情享受性愛的快樂時，卻又無法得到滿足。那麼，假設情況反過來，從最初就能夠完全釋放自己的情欲，後果又會怎麼樣呢？我個人覺得情況也許會更糟。這很好理解，情欲如果得到得過於簡單，那麼也不會顯得多麼可貴。也就是說，阻礙是能夠有效提升興奮度的。

歷史也一再證明，當阻礙人們獲得滿足的自然力消失時，人們總會人為地尋找一些阻力，以此來使自己充分享受真正的愛情。不管是對個人還是對群體，這個道理都行得通。當性欲能夠順利得到滿足時，愛情也隨之變得沒有意義，人們也因此而開始空虛起來。隨後，人們為了挽救愛情的情感價值

> 昇華理論缺乏客觀科學認證。儘管許多個體確實在十分努力地去控制自己的性反應，減少性高潮頻率，但是，他們的性能量真的能夠被轉移到「高層次」的事物上去嗎？倘若真能如此，那麼他們不但應該減少或限制自己的實際性反應，而且更應該在精神上做到毫無煩惱與不安。
>
> ——金賽

不得不重新燃起一種阻礙愛情發展的反作用。

從這個角度而言，基督教文明中的禁欲傾向極大地提升了愛情的價值，成為古代的教徒求之不得的一種最高貴愛情。它來源於苦行僧式的生活中，並透過終生對原欲誘惑的抗爭中獲取自己的價值。

這個現象也是我們在機體中所普遍存在的。也就是說，本能欲望會一直隨著挫折感的增加而繼續高漲。如果有這樣一個實驗：各種人都處於相同的飢餓狀態，當務之急就是迅速進食。在這種情況下，他們的差異就會蕩然無存，每個人都會受到唯一本能的驅使。但是，如果情況剛好相反，他們所有的本能都需要得到了滿足，結果會怎樣？是否精神價值會下降？對於這點，我們可以將其比喻為酒與酒鬼的關係。酒鬼們不就是對酒的毒害感到滿足嗎？可我們從未聽說過一個酒鬼因為永遠喝同一種酒感到厭倦，就總是變換酒的。而且事實恰好相反，他喝同一種酒的時間越久，也就會越發依賴。同樣的道理，也沒有一個酒鬼會因為喝酒太多而感到厭倦，最終以遷居到一個禁酒或酒價昂貴國家去的方式，來挫敗自己那萎縮的快樂。恰好相反，那些嗜酒之徒每當聊到對酒的感情時，就好像聊到了那些最風騷的情婦那樣感到滿足。

奇怪的是，為什麼人們對他們愛的性對象就做不到這點？我個人認為，這是因為有些東西最不容易得到滿足。只要想一想這種本能會在自身發展中經歷的各種曲折，就能找到產生這種傾向的兩個主要原因。

一、在性成熟中影響著性對象選擇的兩大干擾力量和亂倫障礙的阻撓下，這種選擇最終只能找到原型的替代品。透過精神分析法我們可知，如果本能欲求的原對象因為各種外在壓力而失去作用，那麼就會找到一些替代品，而這種性對象的替代品是無法為其帶來一種滿足感的。這就體現了人類性愛中的又一大特徵——為什麼他們選擇的性對象總是無法長久地保持那種誘惑力，需要永遠追求新的刺激。

二、正如我們瞭解的，性本能開始於各種成分，是這些成分的組合，但是很多成分會在中途被壓抑住或轉為其他用途，而不是從一開始就得到充分發展。這其中最明顯的本能莫過於嗜糞欲，這個成分自從人類開始直立行走，嗅覺器官遠離地面後，就開始與我們的美學觀念格格不入了。

另外一種本能也要中途放棄，這就是構成性本能的虐待本身。但是，全部的淘汰過程都和心靈中較上層及較複雜的結構有關，而性交的過程卻保持原樣不動。因為排泄道和性器官靠得太近，所以不可能清楚地分辨出來。但不管意識和心靈經歷何種變化，介於尿道和屎道之間的性器官都始終如一地保持著它的重要性。

正如拿破崙所說：「解剖學就是一切」，隨著人的身體從頭到腳不斷向美演化，只有性器官依然保持著最原始的野獸時代結構和形象，所以無論在任何時候，愛欲的本身就是一種獸性的體現。性欲的本能是無法改變的。人類社會在這個方面所作出的努力，就其程度來講總是不合時宜，但無論如何，如果人類文明想進步，就要在某種程度上犧牲掉性的快樂，而那種永遠無法滿足的氛圍正是源自於此。

所以，無奈之下我們只能得出這樣一個結論：那就是要想使性本能欲求和文明相互協調發展，簡直是癡人說夢。文明發展程度越高，人類就越發會面臨各種苦難、犧牲和在遙遠的未來種類滅絕的威脅。這種預言實際上來源於下面一種猜測：那就是伴隨著文明帶來的各種不滿足感，是性本能在文明壓力下畸形發展的結果。而只要性本能向文明發展妥協，那麼那些無法滿足的成分就會不斷昇華，從而創造出文明社會中最為偉大和奇妙的壯舉。反之，如果人類性欲能夠被徹底滿足，那性的能源就無從轉移，人們對性的快樂迷醉不已，社會也就會停滯不前。

所以，我們說，正是性本能和自存本能之間無法調和的矛盾與對抗才推動了人類文明的發展進步，但同時，它又為人類文明帶來一種長久的威脅，以致弱者們深陷心理症的困擾無法解脫。

科學並不旨在對人們提出警告或進行勸慰，但我也必須承認：本文中得出的結論應該建立在更廣大的基礎上，也許人類在其他方面的發展能夠有效解決上述問題，這也是我所追求的。

第三章　處女的禁忌

—第二部分：愛情心理學—

我們在研究原始民族的性生活中，會為很多細節驚詫不已。他們對尚未有性經驗的女子，也就是處女的態度就是個鮮明的例子。正如我們所瞭解的，在文明社會中，男人在追求女人的過程中會非常注重她是否是個處女，這種傳統觀念會在某些人腦海中根深蒂固，好像這是件很正常的事情，如果突然問他們原因，他們反而會目瞪口呆，不知如何回答。

其實，因為人們長久以來根深蒂固的一夫一妻制的思想作祟，人們通常總是希望佔有一個女人的全部，並因此要求女孩在婚前不要和別的男性發生關係，以防對女孩的身心帶來一定影響。事實上，這種做法只是將對女人的壟斷行為延伸回了過去。

如果從上述觀點來研究女人愛情生活的某些特徵，那麼很多看似奇怪的現象就會變得不足為奇。通常情況下，人們都更為看重處女也不無道理。我們知道，環境和教育會對女性的身心造成一定影響，使她們處處小心，絕不與男性發生性關係，長此以往，對愛欲的渴望一直受到壓抑。所以，只要她能夠大膽衝破阻力，選擇了一個男人來放任自己的愛欲時，她就會一輩子委身於他，不會再對別人產生如此深情了。女人這種因婚前長久孤寂所導致的「臣服」態度

> 在古代戒律中，嚴懲女性婚前性活動的原因是，這樣會損壞男性對於自己妻子的財產式佔有權。根據男性生長的文化標準，在新婚之夜女性必須是處女，和男性買來的牛或者其他物品必須是完好的一樣。
>
> ——金賽

對於男人來說十分有利，因為這樣一來他就能一直長久地佔有她，並使她不受外界新印象的誘惑。

一八九二年，克拉夫特・伊賓首創了「性之臣服」一詞，意思就是某些人只要和別人發生了性關係，就會對這個人高度的依賴和順從。這種「臣服」心理甚至會達到一種極端程度，讓人失去自我，甚至心甘情願為對方付出全部，毫無保留。

我認為，如果希望男女間的性關係長久保持下去，那麼某種程度的依賴和臣服心態是必不可少的。同時，為了實現文明的婚姻制度，有效壓制那些不符合社會安定團結的一夫多妻的傾向性，就更應對這種臣服態度加以鼓勵。

那麼，是什麼導致了這種「性的臣服」態度？克拉夫特・伊賓認為，如果「一個個性軟弱敏感的人」愛上了一個完全以自我中心的人，就會無可避免地產生這種結果，但如果運用精神分析法進行研究就會得出與此不符的結果。精神分析法認為，這裏，起決定作用的顯然是那種客服性阻力的力量，也就是說，取決於這種阻力的突破是否能夠通過一次的衝擊得以實現。如果能夠通過那「致命的一躍」後，完全改變自己受阻的地位，就會形成「臣服」的態度。就這點上來說，女性比男性更容易產生性臣服的態度。可是在當今社會，情況卻正好相反——男人往往更容易陷入那種境況中。

這是怎麼回事呢？

透過研究，我們發現：如果當一個男人面對某個女人時，忽然發現自己不再受心理性陽萎困擾，那麼他就會從此對那個女人百依百順，並一直生活在一起，而這也就是造成人類很多婚姻悲劇的罪魁禍首。

接下來，我主要來談一下原始民族對處女價值的看法。

也許很多人會錯誤地認為：既然原始民族中的女孩子大多在婚前就已經不是處女了，而且也能夠順利出嫁，那這就說明原始民族並不在意一個女子是否是處女。我的觀點是：在原始社會，這種奪去女孩子童貞的儀式還是意義重大的，它已經成為原始民族一種類似於宗教性的「禁忌」，正是因為這樣，習俗才會嚴禁她的新郎來做這件事，以免打破禁忌。

在這裏我不想再詳述所有論述這種禁忌的文獻，也不再說明它在全世界分佈的有多廣，形式是如何的多樣，我們唯一想解釋的就是，其實那種在不結婚的情況下弄破處女膜的行為，是個普遍存在於原始民族中的習俗。卡洛雷就曾說過：「在這種婚前舉行的特別儀式中，通常由新郎以外的某個人來捅破那層處女膜，這種情況主要多發生於低級文明的國度。」

> 對女性而言，在猶太教法典和現今許多歐洲的民族中，處女膜完好便是婚前保持貞操的主要證據。
>
> ——金賽

我們也不必為此感到驚訝，因為，如果想讓捅破處女膜的行為不發生在結婚後的第一次性交中，就必須事先讓某個人透過某種方式來實現。卡洛雷曾經在其《神祕的玫瑰》一書中，對這方面作過詳細的描述，這裏，我要引用如下幾段：

第一九一頁：「在迪雷部落以及其鄰近的部落中，有這樣一種習慣較為普遍：女孩一到青春期就會自己弄破她的處女膜。」

「在波特蘭和格萊尼格族中，經常會有一些年老的婦女對新娘做這個手術，更有甚者還會專門請白人去強姦少女，幫助其完成那個使命。」

第三〇七頁：「有時，早在嬰兒期便會弄破女嬰的處女膜，不過，最普遍的還是青春期的時候……但是在澳洲，它經常會伴隨著性交儀式合併舉行。」

第三八四頁（見斯賓塞與吉倫關於澳洲各個部落情況的通信，在信中他們重點討論了這些部落中特別流行的族外婚姻風俗習慣）：「第一步，要先人為地將處女膜穿破，然後，讓做這件事的男人們和這個女孩一一發生親密關係……整體說來，整個儀式包括了穿破處女膜和性交兩個步驟。」

第三四九頁：「在赤道非洲的瑪塞地區，這種手術是女孩子在步入婚姻殿堂之前的必要準備。在沙克斯族、巴塔斯族和阿爾福爾族中，像這種穿破處女膜的工作大多數時候都會由新娘的父親來做。甚至在菲律賓群島，還有一批人以穿破少女的處女膜作為專門的職業，不過那些早在嬰孩時期就已經由老年婦女做過該類手術的女孩，長大以後就無須再做這種手術了。在愛斯基摩族的某些部落裏，只有僧侶們有權這樣做。」

上面的論述存在兩大問題：一、大多沒有描述清楚到底如何「穿破處女膜」，是透過性交穿破還是什麼別的方式？只有一處提到是分成兩個階段進行這個過程的，詳細說起來就是首先使用器具把處女膜弄破，然後進行性交儀式。二、並沒有交代清楚，在各種儀式中鄭重其事的性交和平時的性交有什麼分別。

據我所知：之所以會出現這種失誤，部分是因為作者羞於進行描述，部分是因為作者還根本不清楚這個問題的嚴重性。因為在國外的報紙雜誌上也找不到任何相關資料，所以我無法按照自己期望的那樣，從旅行家或傳教士那裏得到更詳細和更準確的第一手資料，因此，到目前為止，我還無法對此作出肯定的結論。不過，儘管對第二個疑問的描述並不詳細，以致這種儀式的性交活動缺乏真實效果，但是我們仍能想像得出它表達的是完全的性交，並且他們的祖先也是那麼做的。

下面，我來深入探討各種解釋處女禁忌的因素。正如我們瞭解的，穿破處女膜就說明會流血，而原始民族一直把血看作是生命的源泉，當然會對此充滿敬畏，這也就是原始人處女禁忌的第一個原因。除了性交，在其他社會規範中也要注意不觸碰這種這種流血禁忌。事實上，它代表的是一種「不可殺人」的禁令，是為了禁止及防備原始人的喝血情操及殺人狂欲而存在的。

原始社會中的各種禁忌都受到過這種觀念的影響，諸如處女禁忌，還有很普遍的月經禁忌等。原始人將每月都要經歷的流血現象看待得極為神祕，她們會認為這是有某種東西正在迫害自己，可能是因為精靈鬼怪的撕咬，或甚至是和某個精靈性交所導致的。

我們在很多資料中都能看到，大部分原始人都認為這個精靈就是她的某個祖先。甚至還有原始人認為經期中的女孩身上也許附著了某位祖先的靈魂，所以令人畏懼，視她們為「禁忌」。但是，我個人認為，如果我們繼續深入研究這種恐懼流血的現象，就不會那麼看重這一點了。

比如說，在某些種族中，都會不同程度地實行各種手術，如對男孩子作包皮割禮，還有更加殘酷對女孩子實施的陰蒂及小陰唇割除禮。此外，還有各種以流血為目的的儀式，這些現象都與「原始人恐懼流血」的解釋相矛盾。從這個角度來說，很多人婚後為了和丈夫方便地性交而廢除了這項禁忌（月經禁忌）就很正常了。

第二種解釋也和性沒什麼關係，它比第一種解釋更具普遍性，牽扯面更廣。以這種解釋來看，原始人好像一直在一種焦躁的期待中生活，他們正如我們在精神分析學中所說的焦慮症患者一樣，整天憂慮不安。而那種焦躁的期待感在遭遇到各種新奇、神祕、怪誕和不合常情的事物時就會加劇。它同時還造成了很多犧牲或奉獻的祭典和儀式，並且大半都保留在種種宗教儀式裏一直流傳到現在。據我們所知，每當人們面臨一個全新的局面，比如家畜生產，果實與作物豐收，喜得貴子等，就會隨之產生一種特有的期待，而這種期待中往往還透著焦慮，各種成功或危險的結局會同時在腦海中交替出現，令人坐立不安。而此時，人們往往就會想到透過某種儀式或祭典去向神人尋求庇佑。

同樣的道理，結婚時的第一次交合對當事人雙方也是非常重要的，所以人們也希望用某種儀式去保護它。這其中，既摻雜著對新奇事物的希望，又有對流血的恐懼，這兩個方面並不矛盾，反而互為補充。第一次性交是人生路程上的一大障礙，只有透過流血才能衝破它，而這又加劇了期待的緊張程度。

第三種解釋就像卡洛雷說的那樣，認為處女禁忌同屬於性生活禁忌的範疇，而且只是性生活更大禁忌中很小的一部分。與女人的每次性交都是禁忌，而並非只有第一次才是，換句話說，女人就是禁忌。之所以這樣說，並不是因為女人性生活中總是充滿著各種諸如月經來潮、懷孕、生產、坐月子等各種需要避諱的時刻，而是因為每次與女人做愛都得經歷各種限制和難關。我並不認為野蠻人的性生活是隨便的，儘管原始人偶爾也會無視那些所謂的禁忌，但是很多時候都不是那樣的，他們甚至比文明人有更多的規矩。很多情況下，男人都必須遠離女人，比如遠足、狩獵、出征等，在那個階段是不能和女人進行房事的，以避免他們因為精力衰竭而在很多重大關頭遇難。就算平時，他們也不能總是和女人同房。在那個時代，最常見的是女人和女人在一起，男人和男人在一起，而現代社會中的小家庭在原始社會是很少見的。有時候男女甚至因為分開得太久，連對方的名字都忘記了，而女人們會有一套自己所特有的特殊辭彙。當然，有時候性需要也會打破這種長期分居或分離的狀態，但更多的男女（哪怕是夫婦）之間的性行為，都只能在戶外或某個很隱祕的地方進行。

原始人的每種禁忌就是針對他們害怕的一種危險而建立的。其實，上面提到的各種規則和對女人的規避顯露出的都是原始人對女人的恐懼。也許，這種恐懼始來源於女人與男人自身的差別，在男人看來，女人總是充滿神祕感，她們奇特又難以捉摸。

他們覺得異性只會對自己造成傷害。他們甚至害怕自己的力量會被女人帶走，擔心自己會被女人影響而逐漸具備女性的特徵，最後導致一事無成。而每當房事過後，他們就會感到情緒突然變得低落，渾身痠軟無力，這更重了他們的擔心。同時，現實生活中的女人往往總是利用性關係來不斷支配和敲詐勒索男人，所以那種恐懼感就變得更加深重。上面的各種心理，在我們文明社會中已經蕩然無存，但是事實上，在每個男人的內心中，多少都會留有這種痕跡。

很多深入研究原始民族的人都深信一點，那就是原始人的情欲是非常軟弱的，在強度上根本無法與文明人相比。很多人並不贊同這一說法，但是在上面提到的各種禁忌中，原始人確實一直將女人當作一種有害之物來躲避。那麼在那種狀態下，他們對這些女人的感情有多少，有多深厚就值得商榷了。

在這方面的論述中，卡洛雷的看法和很多精神分析家的看法基本上類似。同時，他深入分析到：人與人之間也有「人身隔離禁忌」。儘管我和別人在很大程度上都很相似，只有很少的幾點不同，但恰好就是那為數不多的幾個不同點導致了人與人之間的孤立和敵對。由此，我們也可進一步分析那種人對於自己與別人之間那些微小不同之處的「自戀」，由此便可知人們為什麼很難做到與別人親如一家或深愛周圍的每個人。

這種分析心理的工作確實非常有意思，同時，藉由分析男人的心理，心理分析師還指出，男人因為自戀而放棄女人和看低女人，主要就是因為過去的「閹割情結」。

為什麼要因女人普遍具有的「禁忌特徵」而嚴加限制女人的第一次性行為。我們只能用兩個理由來解釋，那就是害怕流血和對未知事物的恐懼。但是這兩個理由並不是這種禁忌儀式的本質。原始民族舉行這種禁忌儀式是為了不致未來的丈夫承受第一次性交流血造成的結果。但事實上，我們在前文中曾說過，這種事情能夠使女人更加臣服於那個男人。

有關一般性禁忌儀式的起源和意義，我們已經在《圖騰與禁忌》一書中作過深入討論，這裏不再贅述。我在那本書中已經得出一個結論，那就是：只要是禁忌，就一定會涉及一種矛盾的情感，這種情感是戀母情結中的一種。

心理症病人會建立起自己的恐怖對象，同樣，現代原始部落的禁忌，也是經歷了漫長的發展而建立起來的系統。新的動機已經代替了禁忌的原始動機，這樣才能夠和新的環境相協調發展。但是，我們也可以先將那些新的發展變化放下不談，而回到問題的最初，即原始人的每種禁忌就是針對他們害怕的一種危險而建立的。

總而言之，他們的恐懼來自於精神層面，而並不是現實生活中的實際危險，原始人並不太在意精神和實際之間的區別，因為他們還無法分辨哪些危險來自於精神層面，哪些危險是實際存在的，他們始終對世界保持一種泛靈論的看法，在他們眼中，無論是天災人禍還是洪水猛獸，都是一種具有靈魂的惡靈作惡造成的結果。同時，因為他總是對所有他不喜歡或不熟悉的外界事物充滿敵意，所以就會將女人當作危險的泉源，既然女人那麼恐怖，那麼奪取其童貞就是一件危險的事了。

在這裏，我們已經能夠明白危險的本質，還有為什麼只會對自己的未婚夫產生威脅。想要找到更明確的答案，我們還要對那些生活在當今文明社會的，和原始社會婦女具有相同處境的婦女行為進行更深入的研究。這裏，我可以預先告知大家一點，那就是各種深入分析研究說明上述危險是確實存在的。由此可知，原始社會人們的禁忌均是具有目的性的，他們的這種社會風俗也確實為他們避免了很多精神上的危機。

正常的女人在達到性高潮時，往往會雙手緊緊抱著自己的男人，似乎是在向自己的心上人感恩，表明自己這輩子就是屬於這個男人的。但是，很多人不知道的是：女孩子的第一次性生活，其實並不是那麼美好，她不僅不興奮還很失望，而且體會不到任何樂趣。她必須經歷很長的一段時間才能夠漸漸體驗到做愛的愉悅，而有些人不管丈夫如何體貼、關懷，都不會有愉悅感。人們往往不把女人的性冷淡當一回事，但我個人覺得：如果女人性冷淡的原因不在男人身上，那麼就應該從別的地方尋找答案，並進行深入的分析研究。

我並不打算以女人的第一次性生活作為研究的切入點，因為女人大多對此避之不及，而導致這一現象的原因實在一言難盡，更不要說，還有很多

> 一個人在婚前多年都受到禁錮和阻礙，又迴避肉體接觸與激情反應，他（她）所形成的自我束縛就會損害自己的反應能力。如果結婚這件事仍然不能消除這種束縛，那麼，他（她）就會在婚後的多年裡持續受到折磨。
>
> ——金賽

人以此作為女子「潔身自好」的表現。在我看來，如果能從某些病態的案例著手分析，就能夠深入理解女人性冷淡的祕密。

正如我們瞭解的，很多女人在首次性交後，甚至在每次做愛後，都對男人心存怨恨，甚至惡言相向，有時甚至會動用武力。曾經有這樣一個患者，她非常喜歡自己的丈夫，常常主動要求性生活，而且每次都能從中獲得快樂，但是事後卻又忍不住怨恨她的丈夫。這種自相矛盾的事情，就是性冷淡的另一種形式。

但是，一般女人的性冷淡是比較單純的，她們心中那種憎恨的力量只是潛在地壓抑著她們對性愛的激情，並沒有公然地流露出來。而如果女人處於一種病態，那麼她會將愛和恨區別對待，並按先後順序將那兩種矛盾表現出來。這和我們很多年前在強迫症中研究發現的「兩元運動」的原理相類似。如果奪走女人的童貞一定會使她產生長久的敵意，那麼她以後的老公當然不會充當她童貞的破壞者。

我認為，在女人內心深處窺見到造成這種矛盾性表現的某些衝動，也同樣能夠拿來解釋性冷淡。第一次性生活所激發的某些激情並不是來自於女性的本能，並且很多激情的感覺在以後的做愛中也不會再出現。最值得一提的是：女人最初雲雨時要忍受那種難以承受的痛苦，也許有人認為這一個因素已經足夠，不用再提及別的因素，但是事實絕不是如此簡單。如果僅僅是肉體的痛苦是不會帶來那麼嚴重的後果的。

事實上，女人之所以性冷淡不僅僅是因為肉體的痛苦，更多的還來自於一種「自戀」心理受到打擊以後的心靈挫敗感。這種痛苦往往是一種自認為失去了高貴的童貞之後的哀怨惆悵感覺。但是，從原始民族祭典儀式中我們卻又能清楚地感受到，其實那種痛苦或失落對於性冷淡的產生並不重要。正如我們所瞭解的，他們的儀式通常分為兩個階段，第一是用手或別的工具弄破處女膜，其次是正式的性交或採取各種象徵性的姿勢。不過，這時的性對象都不會是自己的丈夫。這樣就能夠看出來，其實那種禁忌的不光是為了避免新婚之夜在肉體或精神上的痛苦，還包含有別的寓意。

再來分析一下文明世界的女人。因為首次性行為並不像她們長時間以來想像的那樣，所以便會感到特別失望。因為在這之前的性行為總是伴隨著各種抑制和各種顧慮的阻礙，所以一旦面對正式的、合法的性交時，她們仍免不了覺得羞愧和擔心。甚至很多年輕女子在面對即將到來的日子時，往往顯得笨拙和可笑，她們把做愛那種微妙的感覺當成了一種很神祕的事情，不敢面對雙親，更不敢對別人提及這種事。她們內心覺得：如果這種事被別人知道了，那麼愛情的價值也就隨之消失了。而這種感情一旦畸形化，一定會影響其他成分，這樣就會影響到婚後情欲的感覺。

這種女人通常對公開的夫妻關係感到索然無味，她們倒是更願意冒著各種危險去偷情，因為覺得那樣才浪漫，並充滿激情。但是，那種動力還僅僅存在於心理的淺層。這種現象只在文明社會中存在，而對原始社會中的各種禁忌我們又該作何解釋？我們相信，是心理深層次的東西影響到這一「禁忌」，也就是說：是來源於某種原始欲望對原始對象的深入影響，孩童時期的性愛目標從未消失過。女人們最初的原始欲望總是固置在父親或能代替父親的某個兄長身上，而那種戀情通常並不以與對象的交合為結果，頂多也就在內心深處偶爾模糊的想像一下而已。這就等於說，丈夫只是這種原始對象的替身，而並不是她真正的戀情對象，她的真正戀情永遠都是針對別人的，最典型的就是其父親。而對丈夫的情愛，只不過是在萬般無奈情況下的權宜之計而已。

這種戀父情結的強弱或者持續性能夠直接影響到她丈夫的感覺，會影響到她對丈夫的態度——是冷落還是拒絕。這就等於說，性冷淡及心理症是由同一個因素造成的。當然，如果一個女人對待性生活越理智，那種原始欲望就越發能夠抵抗那初夜交合時的震驚之感，也就越發能夠抵禦男人對其肉體的佔有。此時，這種女人的心理症就被性冷淡取而代之。如果那個性冷淡的女人又恰好不幸地遇到了一個性無能的男人，那麼那種冷感的傾向就會越發嚴重，甚至會導致很多別的心理問題。

由此，我們想到了原始社會中由長者、僧侶或其他賢達之士擔任首次破壞其處女膜的職責的習俗，顯然，這是潛意識中對女人早期戀父情結的認可，所以才會選擇那些與父親相似的替身來完成這一使命，而這剛好和深受詬病的中世紀領主「初夜權」遙相呼應。斯多爾福（A.J.Storefr）對這一點表示贊同，他還進一步揭露了一個事實：那就是在分佈很普遍的所謂「托白亞之夜」習俗裏，往往只有父親才能享受第一次交合的特權。這與榮格的調查也是一致的。在那些調查中，榮格發現：在很多民族都是由那種代表著父親意象的神祇雕像來完成初次交合使命的。在印度的很多地方，新娘要被一個木製類似生殖器一樣的神像戳破處女膜。據聖・奧古斯丁的記載，在羅馬婚儀中也流行過這種習俗——新娘要在那被稱為普萊柏斯神的巨大石製男性生殖器上坐一下；顯然，這種習俗已經被象徵化了。

如果我們從更深的心理層次分析，還能發現另一種動機，而女人對男人發自內心又愛又恨的感情也是源於那種動機。同樣，女人的性冷淡源自於此。經過深入分析我們能夠發現，女人最初做愛的衝動，除了上面所說的各種感情外，還有源於一種完全與女人的機能和職責相違背的因素。

很多女性心理症患者早期都有一個共同點：那就是她們曾經有一段時間很羨慕她的兄弟的陽具，並且很沮喪自己沒有那種東西，她們往往會想像自己是殘缺不全的，而且是因為遭受了某種虐待才會這樣的。這種「陽具豔羨」也是「閹割情結」的一部分。在那種豔羨中包含了一種「希望成為雄性」的含義，而「閹割情結」是一種「雄性發出的抗議」。

「陽具豔羨」一詞的首創者是阿德勒（Adler），只可惜他卻錯誤地拿這一因素來解釋心理症。不過，有一點是不可否認的，那就是正處於發育期的小女孩經常會天真地表現出對自己兄弟陽具的羨慕甚至是嫉妒。她們甚至會學著兄長的樣子站著小便，認為這樣就能和他們保持平等。

在前面的例子中，我們也提到過，有些女人在性交後會對自己的丈夫心存怨恨，我的分析是：她之前就一直深處那種嫉妒的情緒中，直到她的對象確定下來之後都沒有改變。普通情況下，女孩會逐步將原始欲望轉移到父親身上，這時她所希望得到的就不是陽具，而是為其生出一個小孩。

這種發展順序也會顛倒，在一些極個別的特殊例子中，「閹割情結」經常會跟在「對象選擇」的後面，這也不足為奇。在「雄性期」裏的女孩對男孩子陽具的羨慕，並不是一種「對象之愛」，而是一種很原始的自戀而已。

不久之前我對一個少婦的夢進行了分析，結果發現那個夢對應的就是她對失去童貞這件事。同時，在那個夢也反映了那個女人潛意識中的一個願望，就是希望閹割自己的丈夫，奪走他的陽具。那個夢原本可以解釋成童年欲望的延續或重演，但是夢中的某些細節預示著它已經超越了常態，這顯然會是一場悲劇。

接下來，我們再回過頭研究一下「陽具羨慕」。女人特有那種對男人敵視的矛盾傾向，總是和兩性關係相關，但是我們只能從那些充滿男人氣概的巾幗英雄身上找到痕跡來證明。弗倫克茲（Frenciz）曾經從古生物學的角度出發去深入研究女性內在的敵意起源，認為這種敵意甚至可以追溯到混沌初開，兩性初分之時。他始終堅信，性行為起源於兩個完全相同的單細胞之間，但是逐漸地，一些較強大的個體就開始強迫那些較為弱小的個體進行性交，而這種在強制淫威下不得不屈服的態度也正是當今女性性冷淡的原因之一。這種說法還是有一定道理的，只是我們應該客觀地對待，而不是一味地誇大其辭就好。

我們已經深入研究了女性首次性交的矛盾性反應及其產生的動因，並概括得出這樣的結論：因為處女性心理還沒有成熟，所以一旦有一個男人誘導她進入性生活，她就會覺得難以忍受。這樣看來，處女禁忌反而成為了人類高度智慧的結晶，因為這能使那個將要和她一起共度一生的男性規避這種危險。在文明高度發展的現在，因為各種複雜的理由和因素，人們越來越看重那種女人走入「性之臣服」後所帶來的各種有利因素，也不再避諱那種危險，所以女人的童貞就成為了男人最為看重的財產。但是，就算是那樣，女人的仇視情緒也並沒有因此而完全消除。我們可以在各種不美滿的婚姻中清楚地發現，那種因為喪失童貞而產生的報復情緒仍存在於女人心中。現在還有很多女性，在首次婚姻中一直都不苟言笑，對男人毫無熱情可言，直至最後以離婚收場。但是，如果再婚，那種情況就會有所好轉，她也不再一直鬱鬱寡歡，而且還會逐漸享受或嘗試做愛的歡愉。可見，經過第一次性的結合後，女性所有不良反應已經不復存在了。

其實，所有人都知道，即使在文明社會中，那些處女禁忌也並沒有絕跡，很多詩人也曾經以此作為素材。安孫魯貝（Anzengruber）曾經在一篇喜劇中描寫了這樣一個場景：一位樸實的農民不願意娶他心愛的女孩為妻，因為他覺得這會讓他短時間就喪命，所以他寧願讓這個女孩嫁給另外一個男子，等她成為寡婦後，才敢放心大膽地娶她。這個劇本就叫做「處女之毒」。這與養蛇人的行為很相似——先給蛇一塊小布片讓它咬幾次，這樣他們就能放心大膽地擺佈它了。在海拜爾創作的《朱蒂斯與何洛弗尼斯》的劇作中，朱蒂斯的角色充分展示出了處女禁忌以及部分動機。朱蒂斯也是童貞受到禁忌保護的那種女人。在新婚之夜，她的首任丈夫莫名其妙地感到害怕，以後就再也不敢碰她了。她曾經這樣形容自己：「我的美就像顛茄，如果誰享受了它，只有沒命或瘋掉兩種下場。」

當亞述將軍率領大軍圍攻她所在的城池時，她想到去色誘那個將領最終將其置於死地，顯然，這個想法的實質就是對性的欲求，只是在這裏它被披上了愛國的表象。而當她被那個凶殘的將領粗魯強暴時，竟在瞬間爆發出了無窮的力氣，一掌將他劈死，拯救了自己的民族。從心理學的角度分析，將一個人破頭就是象徵著將他閹割，這個行為也象徵著朱蒂斯閹割了奪走其童貞的男性，就好像那個前文提到那個新婚少婦在夢境中夢到的那樣。在那本書中，海拜爾以美妙的語言，將偽聖經①中各種愛的行為都蒙上了一層性的色彩。在那本書中，直到回城之後，朱蒂斯仍然以清白之身自居。而即使我們翻遍所有真偽聖經，也找不到任何有關她荒誕婚姻的任何記載。海拜爾正是以他自身那種詩人特有的敏感天賦，戳破了經文中的謊言，將故事背後的真相和內涵全部公之於眾。

薩德格爾（Sadger）曾經海拜爾的寫作動因進行過深入分析，由他的分析我們可知，海拜爾之所以對這一題材感興趣，源自於他童年時在兩性的掙扎中更傾向於女性，加上他自身具有「雙親情結」，所以，他對深藏於女性內心的那些祕密知之甚多。同時，薩德格爾還提到為什麼詩人們要自己更改故事內容，那些膚淺和矯揉造作東西其實只是在掩蓋他們潛意識中的動機。此外，聖經中只記載了朱蒂斯是個寡婦，而在劇中卻變成了童貞女。關於這些薩德格爾也有一段詳細介紹，我在這裏引用如下：那時的動機來源於詩人天馬行空的幻想，旨在否認父母之間的性交關係，所以，在那裏母親成為了一個童貞的少女。在這裏我還要在薩德格爾的基礎上再補充一點：既然詩人已經認定主角是一個童貞女，那麼他就會幻想出處女膜破裂後她可能會產生的各種情緒，諸如憤怒、悔恨等等，從而讓他從那個角度進行深入分析。

總而言之，第一次婚姻的獻身以及童貞的奪取，雖然可以在某種程度上促使一個女人固定地依賴於一個男人，但同時，又在潛意識中激發了她對男人深重的仇恨之情。這一矛盾持續發展下去可能就會導致心理症，不過更多地還是表現為部分地抑制了性交的快樂之感。這也是許多女人第二次婚姻的幸福程度要遠遠高於第一次婚姻的原因所在。如此一來，我們便揭開了看似神祕的處女禁忌，以及由此導致要求丈夫不可觸破妻子的處女膜這一現象的神祕面紗。

很多精神分析學家還會經常遭遇這種病例：有些女人內心既臣服於男人又對男人充滿敵意，這兩種態度總是相伴而生，有時候同時出現，有時候卻又同時消失。很多女人對自己的丈夫態度冷淡，卻又離不開他，每一次當她努力去愛別人的時候，眼前卻總是不自覺地會閃現出丈夫的影子。但是事實上，她們根本不愛自己的丈夫。

透過深入分析還能發現一點：那就是儘管這類女人對自己丈夫的熱情並沒有消失，但是那種臣服的態度仍然在繼續。她們並不希望自己徹底擺脫那種束縛，原因是她們的報復還沒有完全結束。當然，就算已經有很多典型的案例中將女人的那種情緒體現得淋漓盡致，但女人仍意識不到自己內心深處居然潛藏著那種深厚的報復欲望。

【注釋】

①西元初年，基督徒還沒有取得合法地位，當時的經書只能偷偷傳抄，到了二、三世紀羅馬教廷編集《新約全書》時，很多傳抄的經文因不夠權威而被放棄，此後，這些經文便被稱為「偽聖經」。——譯者注

—第二部分：愛情心理學—

第四章　性道德與現代精神官能症

厄稜費爾（VonEhrenfels）在最新出版的《性倫理學》（1907年）裏，詳細區分了自然的性道德及文明的性道德。深入分析作者的觀點，能夠對上面提到的兩點作這樣的解釋：自然的性道德就是指人類能夠一直保持健康和效能的能力，而文明的性道德就是指促使人們加強生產文化活動的能力。作者一直認為，只要深入瞭解每個人的內在特質和其文化成就的關係，那麼兩者之間的差別就會不言自明。在針對這個思想做深入思考時，我會為大家轉述作者在書中的觀點，而這也就是我對這個問題研究的起點。

當文明社會的性道德上升至主導地位之後，勢必會影響個體的健康和效能，而一旦那種以自我犧牲為代價的損害達到一定程度，就會傷害到文化自身。厄稜費爾也談及了性道德所帶來的各種惡果，而在西方占主導地位的性道德顯然就是這些惡果的始作俑者。儘管他充分認可性道德確實在某種意義上講能夠推動社會的文明進步，但是，同時他也認為這種道德必須接受改革。他認為，文明的性道德特徵表現為以前對女性的要求，現在也延伸到了男性的性生活中，那就是：除了一夫一妻制的婚姻生活，其他所有性生活都是不被接受的。但是，因為兩性之間天生的差別，所以如果男性偶爾偷歡受到的懲罰可能會更輕一些，這就等於是在為男性創建雙重道德準則。而如果社會已經普遍接受了這個雙重的道德準則，又何談「真理、誠實與人道的熱愛」？當這種發展超越了一定界限，人類就變得虛偽，並對一切錯誤都姑息、縱容，視而不見。同時，這也是對一夫一妻制中性對象的傷害。事實上，在文明社會中，出於對人道或健康的考慮，性的選擇已經非常保守，而在不知不覺間，性的選擇本身就推進了個體內在結構的演進。

在各種文明的性道德所產生的惡劣後果中，有一種特殊情形與現代社會很多精神官能症的多發並不斷蔓延關係密切，但這一情形卻常常為醫生常常所忽視，對於這一點我將在後文中再作說明。

有時，某些精神官能症患者會告訴醫生，應該多關注那些引發病症的個體現狀和文明要求之間的矛盾衝突。他們提到：「我們家人都顯得很神經質，因為我們總希望比我們實際中或我們能夠預期達到的更好。」事實上，醫生有時也會發現，患者的父輩曾經對既簡單又快樂的田園生活十分滿意，而當他們過起大都市生活後，往往就會在很短時間內將孩子的生活立刻提升到一個很高的文化檔次。而這恰好是很多知名神經科專家反覆強調的：「現代文明生活很可能就是導致精神病不斷增加的誘因。」以下這些著名觀察者的論述為我們提供了證明。

厄爾布（W.Erb）說：「現代生活能夠導致神經（質）疾患不斷增長

個體在性活動頻率方面存在的差異，具有極大的社會重要性。我們的公共道德戒律、社會組織、婚姻習俗、某些與性相關的法律，以及所接受的教育制度和宗教體系，都將凌駕於這樣一種基本模式之上：所有個體的性活動都十分相似。

——金賽

是毋庸置疑的，關於這一點在現實生活中就能找到答案——現代生活的傑出成就，各個領域的發現與發明，為了進步而愈演愈烈的競爭態勢，這一切都要在心理上付出極大的努力才得達到並且保持下去。在為了生存而進行的抗爭中，個體只有付出全部心理能量，才能勉強應對日趨激烈的巨大需求。同時，各個階層的需要及對生活的享樂需求都在不斷增大，空前的奢侈之風已經延伸到整個社會，而這一切在過去絕對是難以企及的。人們不再重視宗教，社會中到處彌漫著不安和貪婪，而遍佈全球的電報與電話網又使得傳播系統得以驚人的速度擴張，商貿條件也因此被徹底改變。所有的一切都變得匆忙和無比焦躁不安：人們在白天經商，在夜裏旅遊，就連出門踏青也令神經系統變得異常緊張。嚴重的政治爭鬥、工業與經濟危機讓整個社會陷於空前絕後的躁動不安之中。政治、宗教以及社會爭鬥日益嚴重，人人都參與政治，而政黨、競選及工聯主義（trade-unionism）的恣意滋蔓令人氣憤，進而使心理更加緊張不安，甚至無法進行正常的娛樂、睡眠及休息，這又進一步加劇了城市生活的煩悶和焦躁不安。人們試圖藉助各種刺激和快樂來安撫自己日益疲憊的神經，結果反而導致了更嚴重的精力衰竭。現代文學總是喜歡強調那些容易激起眾怒的話題，結果只會激起大家對情欲和享樂的追求，讓人們越發漠視倫理道德的蔑視，背離理想，在這些文學作品中人們只會一再看到病態的人物、性變態的行為還有革命抗爭等問題。狂躁刺耳的音樂充斥著大街小巷；劇場裏上演的一幕幕戲劇刺激著我們的感官；各種所謂的造型藝術熱衷於展示所有令人噁心的、無比醜陋的、包含各種性暗示的內容，並將生活中最令人驚恐的現實赤裸裸地呈現在人們眼前。」

透過這段描述，現代文明的各種危險鮮明地躍然眼前，我認為我有責任對這種情景作更深入的補充說明。

賓斯萬格（Binswanger）曾經提到：「神經衰弱（neurasthenia）是一種現代疾病。首次對這種病症進行闡述的是比爾德（Beard），他提出：美國，是這種新的神經（質）病的易發地區；當然這種假設並不成立。但是，因為比爾德是美國醫生，他的研究是建立豐富的臨床經驗基礎上的，所以，我們能就此推斷出，神經衰弱很大程度上和現代生活有著極其密切的關係，例如對金錢永無止境的追求，對欲望的放縱，科技的巨大進步導致人與人之間產生了時空的幻覺性障礙。」

克拉夫特-埃賓（Krafft-Ebing）這樣認為：「很多文明人的生活方式中充滿了各種不健康的因素，所以才會迅速滋生很多精神官能症，而那些有害因素最先會向腦部進攻。在過去的十年裏，政治和社會，特別是商業、工業和農業的改變，已經為職業、社會地位及財產等方面帶來了巨大的變革。但是這一切都是以破壞人的神經系統為代價的：為了滿足不斷增長的社會及經濟需求，人們不得不持續不斷地付出更多的能量消耗，而恢復的可能性卻很小。」

在我看來，這種建議或類似的建議其實沒什麼大的失誤，只是還不能夠充分解釋神經質障礙（nervousdisturbances）的詳細情況，同時更加忽視了病因學中最關鍵的因素。如果不去考慮神經質的不確定因素，而僅僅考慮神經（質）疾患的具體表現，我們就不難發現正是施加在文明人或文明階層的「文明的」性道德對性生活造成了一定影響。鑑於以往我已經深入討論過這一問題，這裏不再贅述，但我接下來還是會引用我的研究中一些比較關鍵的點。

經過嚴格的臨床觀察，我們能夠將神經（質）疾病劃分成神經症（neuroses）和精神官能症（psyehoneuroses）這兩大類。神經症的表現是，無論是身體還是心理都會出現中毒現象，就好像是神經毒素過剩或缺乏的一種表現一樣。這種神經症統被稱為「神經衰弱」，絕對不會遺傳，只是因為性生活的有害因素導致的。因為這種症狀和這些毒素之間聯繫緊密，所以單憑臨床的觀察就能夠立刻找到它和性之間的因果關係，而那些被權威人士一再提及各種社會文明所遺留下來的有害物質，好像和神經症並沒有太多關係，這也是我們將性因素看作是神經症的主要原因。

與之相反，精神官能症與遺傳有著比較密切的聯繫，只是病因還不明確。不過，透過一種特殊的研究方法——精神分析法，我們還是能清楚地認識到各種疾病主要來源於潛意識或壓抑的觀念化情結的活動。我們也同樣知道，一般情況下，這種潛意識的情結包含著性的內容，它們主要的來源是人類沒有被滿足的性欲望，代表著一種性滿足。所以，從這點來看，我們應該重點分析那些破壞性生活、壓制性活動、歪曲性目標的因素，以此作為分析精神官能症的著眼點。

當然，那些有關神經症中毒性與心因性的理論區分也並不與以下的事實相矛盾，它們同樣也是很多精神官能症患者的致病原因。

如果贊成將性因素作為神經（質）疾患病因的人，同樣會認可我接下來的分析。我將在下面更為深入地探討神經（質）疾患為什麼會不斷增多。換句話說，我們的文明是以對本能的壓制為基礎而建立的。在這個過程中，每個機體都必須作出一定程度的放棄，比如放棄人性的權力欲、進攻性及仇恨性。只有這樣，物質文明與精神文明才能實現雙贏。

毫無疑問，除了特殊情況，只有性欲導致的家庭情感，才能使分開的個體心甘情願地自我克制。在現代文明中，這種自我克制逐步發展且始終處受制於宗教：放棄自己的本能滿足而成全公共利益的人被奉若神明；性本能強烈連自己也無法抑制的人，如果不能通過才學和社會地位來證明自己是個偉人或英雄，就必然受到社會的冷遇。

各種研究顯示，性本能包含多方面的因素，人類在這方面的發展程度要比其他高等動物更高級，這種發展幾乎完全超越了動物的週期性而演化得更加穩定，並能從中獲得更大的能量以便用於文明活動，而在此過程中其物質強度並未降低，這種將原來的性目標轉移到另一個不具性特徵目標上的能力叫做昇華。和昇華的文明價值相對應出現的是性本能的固執傾向，有時這種傾向會引起所謂的變態。性本能的強度因人而異，其中能有多少用於昇華也不盡相同，要視個體的先天特徵而定。同時，經驗及智慧活動對心理器官的影響也能使性本能的昇華進一步增強。但是，就好像熱能沒有辦法全部轉化為機械能一樣，性本能的擴展也是有限的。大部分器官都需要得到一定程度的性滿足，否則就會在客觀上出現功能性的傷害，主觀上出現不愉快的性體驗，引發病症。

除了生育，人類的性本能更在意的是獲得某種快感，由此著手，可以拓寬我們的研究視野。這一點也能夠從嬰兒的活動中找到痕跡。嬰兒期的快感可以無須經過性器官而由身體的其他部位（快感區）獲得，甚至無須任何客體也能完成，這一階段就叫作「自體性欲」期。我們傾向於認為：應對孩子的這種行為加以限制，否則長期發展下去會導致性本能的失控和性本能的喪失。性本能的發展起源於自體性欲，隨後發展到「對象戀」，從快感區的獨立存在發展到從屬於生殖器的主導，這樣就有了生育的概念。在整個發展過程中，那種自體興奮因與生育功能無關而受到了壓抑，並在適當的時候被昇華掉了。所以，我們可以這樣認為：從某種意義上講，正是這種對性興奮中錯亂成分的壓制促進了文明的發展。

我們可以將文明的發展也劃分為三個階段：第一階段，性本能與生育無關，只是一種自由活動；第二階段，生育之外的其他性行為都受到一定程度的壓制；在第三階段，生育成為了「合法」的性目標。當今「文明的」性道德指的就是性本能的第三階段特徵。

如果將第二階段看成是發展的中間階段，那麼我們就無法否認，仍然有一部分人因為生理結構的原因還無法適應這個階段。到目前為止，還沒有人能夠徹底完成上面所說的，從性本能最初的自體欲望發展到性器官聯合活動的對象愛戀這一過程。這就從另一個角度證明了，所有性欲都必然要受到阻礙和干擾，而這些干擾與障礙會導致兩種惡果。

一是性反常，因為將性欲固著於嬰兒水準，導致生育功能受阻；二是同性戀或性倒錯，這類人令人費解的是：其性目標並不是異性。看上去，這兩類人的數量並不像我們想像的那麼多，這是怎麼回事呢？原來，就算性本能的一個或多個成分發展受到阻礙，其他成本也會聯合起來去彌補，從而使人類的性生活走上正軌。而且，令人意外的是，性倒錯者或同性戀者倒是經常因其性本能的文明昇華而取得非常成就。

> 科學界對性的討論中，也極少有人注意到人類行為的廣泛多樣性。許多著作中的結論僅僅是來源於作者個人的經歷。特別是連一些學者都在使用「正常的」或「反常的」這類術語，這一點實在令人驚訝。因為這最多只不過表示這位學者是在按照自己的個人觀點處理客觀資料，其「研究」不過是基於個人立場而做出的表白。
>
> ——金賽

當然，如果性倒錯者或同性戀者發展到了極致，就會被視為異類，為社會所不齒。不得不承認，就算處在文明的第二個階段，也總會有部分人因為無法達到要求而歷盡艱險。那些因自身體質異常而蒙受苦難者的命運是由性本能的強度決定的。不過，好在這類人中的多數性本能的強度都較弱，所以能成功地壓制住自己的反常傾向，不與其所處的文明階段的道德要求發生衝突。但這也就是他們最理想的狀態了。因為僅壓制性本能就耗盡了他們的全部精力，所以，他們無法再在文化活動中有所成就。這也是我們即將提到在文明第三個階段，禁欲的人最後的下場。

如果一個人的性本能很強烈，並且是倒錯的，那麼他就不得不面對兩種結果：一種是冒著背離文明標準的危險一直倒錯下去；另一種是在教育和社會要求的深入影響下，壓抑自己的倒錯本能，最後卻歸於失敗。之所以說這中壓制是失敗的，是因為雖然從表面上看，這種被壓抑的性本能已經沒有明顯的行為表現，好像是成功了，但卻從別的方面又表現了出來，這還不如毫不掩飾地壓抑更好，因為與其讓它傷害社會，對別人也帶來危險，還不如讓它只傷害個體。從長遠看來，這種情形只是本能遭到壓制之後的替代品，它有一個我們都熟悉的名字——心理症。

心理症患者生來「叛逆」，文明要求對他們施行的壓制只能作用於表面，而且最後往往還是以失敗告終。所以，他們必須付出極大的努力才能夠滿足文明的要求。而這往往要以內心空虛，飽受心魔困擾為代價，我們把這種心理症看作是性反常的「負面結果」，之所以這樣說，是因為心理症患壓抑的性反常傾向會部分經由心理的潛意識表現出來，而實際上，這種被壓制的傾向與明顯的性反常是一回事。

各種經驗證明，對於大多數人來說，自身天賦總是有一定限度的，如果超過這個範圍，就無法再跟上文明的要求。所以，那些不顧自身天賦如何，只是一味追求「崇高」的人，最終便容易淪為心理症患者。如果他們表現得不那麼積極，也許情況還會更好一些。假如深入研究一個家族中一代人的行為，往往就能證明性倒錯和精神官能症是同一種現象的正反兩面。例如，如果在一個家裏男孩是性倒錯者，那麼女孩往往就是精神官能症患者。儘管從女人的角度而言，她的性本能和哥哥相比要弱很多，但是她卻往往表現出和哥哥一樣的性傾向。所以在很多家庭中，男性是健康的，但卻是道德敗類，而與他同屬一個家庭中的女人相比之下倒是優雅高貴，但是不幸的是，她們患上了重度精神官能症。

文明標準要求每個人都具有相同的性生活方式，這恰好體現出了社會的不公正性。事實上，因為天性不同，有些人能夠很輕鬆地適應社會的需求，而有些人則要為此付出心理上的巨大犧牲。不過，因為在現實生活中，人們並沒有那麼遵守道德規範，所以也至於產生那麼嚴重的結果。

上述問題主要存在於文明的第二階段，主要表現是，凡是性倒錯的性行為都要受到禁止，而凡是正常的性交都可以自由進行。研究發現，即使人們已經將性自由和性禁忌劃分得如此明確，還還是無法避免下列情況：有些人因為性倒錯而遭到鄙視，有些人雖通過各種途徑避免了性倒錯卻不幸患上了神經症。那麼，如果將性自由限制界限提升到文明第三個階段的水準，即只有婚姻內的性行為才是被允許的，那結果就更不言而喻了：一定會有越來越多性本能強烈，天性暴怒的人來公然抵抗文明的要求，而那些先天比較懦弱的人不僅要承受現代文明帶來的壓力，同時還要抵禦來自本能的衝動，這種衝突也會使神經症患者的數量瞬間激增。

在此，我們必須面對以下幾個問題：

一、個體在文明的第三個階段的要求之下要承擔什麼責任？

二、那些滿合法的性滿足能否為其他被禁止的性行為提供補償？

三、禁忌所帶來的惡劣結果與文明之間有著怎樣的關係？

要想回答第一個問題，就要從性禁忌著手。文明的第三階段規定男女雙方在婚前都要禁欲，對於獨身者來說，則要保持終身禁欲。大部分權威人士普遍都認定性禁忌對人的身體健康並無害處，而且可以控制，就連醫生也對此表示認同。但是，即使個體付出全部心力也未必能有效控制住如此強烈的性衝動。透過昇華，將自身的性本能從性目標有效轉移到更高層次的文化目標，這對處於熾熱旺盛的青春期的人來說，實在是難以堅持，所以很多人或是因此患上了心理症，或是受到了某種傷害。從以往的經驗來看，大多數人在天性上是不能適應那種禁忌的。尤其在當今的社會文化背景下，在各種性道德的束縛下，即使很微小的性禁忌也會令人隨時患病或犯下更為嚴重的錯誤。可以這樣認為：如果因為先天的缺陷或發展障礙而導致無法進行正常的性生活，那麼最好的消除方式就是性滿足本身。對於一個人而言，他越是容易患上精神官能症，就說明他越難以忍受各種性禁忌。就像前面敘述的那樣，如果他擺脫了正常的發展本能，那麼一切將會變得更加飄忽不定。即使一個人能在文明的第二個階段要求下能夠保持身體健康，現在也有很大的機率患上精神官能症。實現性滿足的機會越少，人們就越發覺得它珍貴，那些被壓制的原欲一直在伺機而動，最終，透過替代對象實現了病態的滿足變態，由此致病。只要你熟悉心理症的致病原因，就一定知道當今社會心理症不斷增多的原因就在於性禁忌。

下面我們來探討下一個問題，也就是結婚以後的性交是否能夠在一定程度上補償婚前的禁忌。對此，各種反對意見層出不窮，我在此作一個簡要的總結。

首先，我們知道，婚後的性生活也要受到性道德的約束，也就是說夫妻只能藉由少數的、有助於生育的行動來達到相互滿足，在這種情況下，令夫妻雙方滿意的性交往往只能維持幾年的時間，這其中還要將因顧慮妻子的健康而控制欲望的時間排除在外。如果我們把婚姻的主要目的比作是為了滿足性需求，那麼不出三年五載，婚姻也就名存實亡了，因為節育極大地影響了性生活的快樂，同時破壞了夫妻間很多美好的情感，甚至會引起很多疾病。由於時時需要為性交的結果操心，所以夫妻之間的親密感也蕩然無存。

因為雙方內心產生了隔膜，所以原本激情四溢的愛情生活也開始變成了一潭死水。來自精神和肉體的雙重失望，使夫妻雙方的狀態可能因為幻覺的破滅，比婚前的狀況還要糟糕。此時，他們唯有調動起全部意志力來控制本能並將其轉移。我們大可不必去想像一個成年男子對性生活的節制，因為事實一再證明，不管性戒律有多嚴苛，他們總會有辦法偷偷地利用一切方便條件來進行自我釋放。其實，就連大的社會環境也早已默認：對於男人，那些性生活的各種清規戒律根本無效。同時，經驗也再次表明：承擔繁衍人類重任的女性用於昇華的性本能並不多，儘管在嬰兒吮吸時，讓她們感覺似乎找到了充分的性對象替代者，但是隨著孩子長大，那種感覺又消失不見了。正如我一再強調的：

> 在諸多影響性活動的社會因素中，發揮最大作用的很可能就是婚姻狀況。它既能影響頻率，又能影響性釋放時所要透過途徑的種類和量的多少，因此我們必須對它加以深入分析。
>
> ——金賽

婚姻的失敗往往會導致女性患上很嚴重的心理症，而且那種陰影也許會終身伴隨著她們。現代文化背景下的婚姻根本無法達到治療女性心理疾患的作用。所以，儘管身為醫生的我們仍支持讓女孩走進婚姻，但我們也必須承認：能忍受婚姻的女性必定要有個先決條件，那就是她必須非常健康。我們同時也告誡那些男性患者，一定不能選擇那些有過心理疾病病史的女孩子結婚。儘管有時，婚後偷情可以在一定程度上舒緩心理疾病，但是女孩受到的教育向來保守，她們只會服從當代文明對性生活的禁錮，不敢去偷情。此時，為了掙脫欲望與責任感的糾纏，她就會向心理症求助，把這裏當成避風的港灣。婚姻的本質原本應以滿足文明人在青春期的性本能為出發點，但很可惜，它卻無法做到這一點。所以，可以得出這樣的結論：婚姻並不能成為婚前禁忌的補償。

既然我們已經確定了現代文明的性生活確實會產生危害，那麼第三個問題也就迎刃而解了。也許有人認為，普遍禁欲推動了文明發展，副作用是使少部分人患上了很嚴重的心理疾病，既然患病的人是少數，那這種做法也可以算是利大於弊。但是，得失的輕重程度從來就不應成為判斷正確與否的標準，事實上我會更重視失的一方的判斷。關於禁欲，我始終堅信：它所造成的嚴重影響遠不止心理症這麼簡單，而且心理症的危害，在很大程度上也並沒有得到社會的充分重視。

我們的教育及文明的主要目的是延緩性發展和性活動，當然，這種延緩在初期並沒有產生多麼嚴重的影響。而且，鑑於很多受過高等教育的年輕人通常會獨立得比較晚，所以延緩在那個層面來說是必要的，同時，這也提醒我們，文化機構之間有著密不可分的關聯，牽一髮而動全身。但是，一旦要求二十歲以上的人也禁欲，那就不可避免地會招致強烈的反對。就算那樣做並不會導致精神官能症的產生，也不可避免會引起其他的危害。

事實上，壓抑性本能確實會有助於人們將精力轉移到倫理及美學等其他方面去，這會在無形中強化一個人的性格，所以，在當今社會，人與人之間性格的差別，也會體現在他們對性的控制程度上。但問題是，很多人耗盡全力壓制性本能的時期，多半也是需要他殫精竭力追逐事業成功與社會地位的全盛時期，而此時，他的大部分能量卻已經消耗在對性的抗爭中了。當然，個體的差異以及行業的差異，都會直接影響到個體性活動的多寡，以及能從大多程度上昇華性本能。我們說：禁欲的藝術家並不常見，但是提倡禁欲的年輕學者卻很常見。這是因為藝術家的靈感往往來源於性經驗的強烈影響，相較之下，年輕學者則會因控制了性本能而能更好地更多地專注於研究工作。總而言之，我的觀點是：禁欲不僅壓制了人的活力和自立能力，更壓抑了那些充滿創造力的思想家及勇於抗爭的解放者、改革者，它創造出的是一批循規蹈矩的弱勢群體，他們只放任隨波逐流，同時不情願地任強者隨意擺佈。

儘管對於禁欲，人們已經拚盡全力，但是人類性本能是很頑固並且難以改變的。文明社會的各種教化只能在某種程度上控制婚前性行為，但是之後就沒有太大的作用了。其實，一些極端的措施要比單純的壓制更為有效，但是，人們顯然並不情願自己的性本能被壓制得如此厲害，所以一旦性本能得到放縱時，就會帶來長久的傷害。因此，對一個年輕男子來說，徹底的禁欲對他的婚姻來說一定是非常不利的。而對這點有一定認知的女子，往往願意選擇那些已經在其他女子身上驗證過自己的男子氣概的人做丈夫。

教育對於女子性欲的壓制簡直可以用嚴酷來形容，它不僅明令禁止性交，更大肆宣揚性貞操的重要性，使每個女人對婚後的性生活及自己所扮演的角色一無所知，只能默默忍受愛情的衝動，竭力克制自己在成長中的任何誘惑。最終導致的後果是很嚴重的——當她終於被父母許可大膽去愛時，她已經無法適應那種心理成就，她們往往是茫然地步入婚姻殿堂的。這種外力作用下的性延遲使得她無法對自己的配偶有所回報，原因是情感上她仍然歸屬於父母，在父母的權威下她的性生活倍感壓抑，以至於她會表現出很強的性冷淡，與之相對的，此時他的丈夫也無法從性生活中獲得真正的快感。

> 對於性教育，人們感興趣的是如何去制訂一種課程表，用此來滿足處在某一教育水準上的兒童。然而，人們卻始終在無視這一事實：某個體可能對性會持有相對消極的評價，而另一個其他個體卻可能發現，他（她）根本無法將自己限定在如此之低的性活動水準之中
>
> ——金賽

儘管我不能確定那些沒有受到過文明教育的女子是否也會出現這種情況，不過客觀上講，我認為這完全有可能。但是，不管怎麼說，都是教育導致了這種結果。那些並未從性生活中獲得快感的女子，當然不會心甘情願地接受生育所帶來的痛苦。從這方面而言，這種婚前的準備反而變成了實現婚姻目的的一大障礙。雖然妻子也可能會慢慢地克服障礙，同時喚醒自己的性高潮，但到那時，她和丈夫的關係早已無法挽回了。作為馴服的產物，她只能忍受這樣幾個可能的結果：性欲望無法得到滿足，偷情或患上精神官能症。

一個人對性行為的態度也會影響到他對生活中其他事情的處理態度。也就是說，如果一個男子對性愛的追求很熱烈，那麼他對其他的目標也會抱著同樣執著又熱切的精神去實現。但是，不管出於什麼原因，如果一個人極力壓抑發自本能的性快感，那麼他的行為就會變得比較謙和和順從，這一點在女性身上表現得更為明顯。起初她們對性生活充滿好奇，但是，長久以來的封閉式教育還有女性的矜持使得她們無法對這個問題進行深入思考，加之外界一直宣揚女人有這種想法是不潔與罪惡的。最終，她們失去了探討任何心智問題的勇氣，也不再對任何知識感興趣。這種來自性領域之外的思想壓制，一部分源自於必然出現的自由聯想，另一部分就好像人們對人們對宗教禁忌的自發遵從，或是自動阻隔與自己信仰不符的想法一樣，是自動生成的。莫比斯（Moebius）曾提出一種觀點，他認為女性與男性之間心智上和性衝動方面的差異是生物學因素造成的，這一觀點一經提出就遭到了大家的強烈反對，我也不例外。我始終堅持：造成女性智力劣勢的罪魁禍首就是受到壓制的性欲。

談到禁欲，很多人都無法分清楚到底指的是禁止所有性活動還是只禁止和異性的性交。事實上，很多聲明自己已經成功禁欲的人，都在是透過手淫及其他和嬰兒時期自體性活動相似的行為來滿足性欲。其實，這種退回嬰兒期的性生活十分有害，極易導致心理症和精神官能症，除此之外，手淫也並不符合文明的性道德規範，極易使年輕人陷入與教育理想相衝突的矛盾裏。這種過度的放縱甚至破壞了人的性格，因為對性欲的態度也直接決定了他對人生的處事方式，所以，久而久之讓他就會下意識地躲避一切障礙，只喜歡透過走捷徑來達到人生的某些目標；其次，他們對性滿足充滿了過度的幻想，這會使他們在現實生活中無法找到幻想中那麼優秀的性伴侶。曾經有位詼諧的作家克勞斯在維也納出版的刊物《火炬》中，諷刺過那個充滿矛盾的真理，他曾經形容道：「性交只不過是手淫的並不完美的替代。」

文明社會對性道德要求極其苛刻，同時又強調禁欲的重要性，如此一來，異性之間的性交就變成了禁欲的焦點，而相比之下，其他性生活卻得到了解放。因為正常的性交受到道德的嚴酷壓制，同時又出於怕染病的健康考慮，異性間便開始用其他部位代替性器官進行性活動，這便是異性間倒錯的性交，毫無疑問，這樣只會帶來更嚴重的社會問題。這種行為的性質與在愛情關係中選取性目標截然不同，它既是有害的，從倫理角度上說也是讓人無法接受的，因為它讓兩性之間的愛情淪為一種隨便的遊戲，其中不僅不具任何冒險性，更無須耗費心智。一旦正常的性生活出現問題，最直接的後果就是導致同性戀數量的激增。除了一些生理原因或童年的影響，大部分同性戀患者都是成年以後才演變而成的。成因大多是力比多受阻，導致肌體只能尋求別的方式發洩。

這便是禁欲造成的惡果，它們既無法避免，也不能控制，而婚姻也會因此被徹底摧毀。在文明的性道德觀中，婚姻是以性衝動的滿足為唯一目的的，而手淫或倒錯的性行為，導致男性逐漸習慣了那種不正常的性滿足，最終嚴重影響婚後性能量的發揮；同樣的道理，如果女性為了保護自己所謂的貞操而選擇了其他類似的方式，也會導致婚後性冷淡。如果男女雙方的性能力都極低，那麼婚姻也就維持不了多久了。女性的性冷淡傾向本可由一次強烈的性經驗緩解，但不幸的是，她的丈夫偏偏性能力低下，那麼，相較於健康的夫妻，這種夫妻更加難以施行避孕，因為避孕工具會進一步束縛丈夫那本就低下的性能力。隨著夫妻之間性交的一次次失敗，最終雙方只能放棄那段失敗的婚姻。

這裏，我要請各位學者注意，我對這一事實的描述並無誇大之處，這些事實都是最普遍也最明顯的。很多不具備專業知識的人都不相信性能力正常的丈夫非常少，而性冷淡的妻子卻很多，他們也不知道夫妻雙方為了維持婚姻犧牲了什麼，而幸福又是如何的遙不可及。這種現象發展的最終產物就是心理症，而且，其危害還會直接影響並波及到後代的身上。

大多數人都認為孩子的病態心理遺傳自父母，但是透過進一步分析就會知道，事實並非如此；這種病態實際上是孩子童年時期強烈印象所導致的結果。因為妻子長期從丈夫那裏無法得到性滿足，久而久之就會越發的神經質。作為愛的轉移，她會對孩子表現得越發溫柔和體貼，最終導致孩子的性早熟。同時，父母之間關係緊張又會對孩子的感情造成刺激，使孩子在幼小的年紀就不合時宜地體會到了愛與恨的情緒。而這種家庭往往對孩子管制更為嚴格，以致孩子的性活動也受到壓制，這就為其日後患心理症埋下了隱患。

這裏，我要再次重申我之前曾強調過的一點，那就是：人們總是錯誤地低估心理症的嚴重程度。我這樣說絕不是無的放矢，我們經常會看到：很多時候，某個人已經患病，其親屬卻仍不以為然，甚至就連醫生的診治也是敷衍了事——醫生總會告訴病人只要進行數週的冷水浴或休息幾個月就可以恢復。事實上，這都是無知的表現，或是外行人的錯誤意見，這些方法只能讓病人享受片刻的安慰，根本不可能徹底治癒他們。如果長期受心理症所擾，那麼患者即使無性命之憂，也會長期背負程度等同於患肺結核或心臟病所引起的後果。一部分患者因此而形同廢人，而另一部分患者雖然症狀不重，但也必須時刻忍受精神上的痛苦。而不管心理症的程度如何，也不管是在什麼時間患上，都會對社會文明造成嚴重的破壞。因被認定為有害而遭到社會文明長期壓制的精神力量，到頭來終會反噬。社會制定的道德規範強迫人們去服從，最終卻換來了心理症的激增，如果是這樣，那麼，不管這些道德規範最終為社會文明作出了什麼貢獻，事實上仍是毫無價值。

我們一起來看一個比較常見的例子：一個女人根本不愛自己的丈夫，而且從她個人的狀況分析可知，她也的確沒道理愛上他。但是，她所受的教育卻告訴她，要想讓婚姻理想，必須努力去愛自己的丈夫。所以，這個女人必須壓抑能夠體現自己真情實感的每一種衝動，作出各種特殊的努力，力爭讓自己成為一個稱職、賢慧又溫柔體貼的好妻子，從而達成這種理想狀態。這種不斷的自我壓制最終便會導致心理症，而這對丈夫而言，無異於是一種報復。事實上，因為產生這種疾病，丈夫更加無法獲得滿足，同時會擔心自己的妻子；與其那樣，還不如接受妻子並不愛自己的事實更簡單一些。由這個例子我們便能清楚地看到心理症患者會造成什麼影響。

不只性衝動，其他一些不利於社會文明的衝動在遭到壓制後，往往也得不到補償。例如，一個男人為了壓制先天殘忍的本性，讓自己變得異常善良。為此，他已花費了極大的精力，而此時補償作用所能提供給他的遠不及他所付出的。說得具體一些，就是因為精力有限，現在他所做的善事還不如之前多。

同時，我們還應清楚一點，那就是無論在哪個群體中，對性活動的限制都會引起人們對生活的普遍焦慮及對死亡的恐懼，如此一來，人們不僅不能好好享受快樂，還會因恐懼感的增加而喪失冒險精神和大無畏的勇氣。這一切必然導致生育率的降低，而一個不能繁衍後代的民族註定遲早會滅亡。由此，我們不由會產生這樣的疑問：我們為這種所謂文明的性道德殉葬真的值得嗎？特別是我們還將享樂主義作為我們文化發展的目標之一，並以追逐個人幸福人生目的的時候。

客觀上來講，身為一名醫生，本來無權對改革多加置喙，但出於本分，我還是參考倫費斯先生的意見，對文明社會的性道德所帶來的嚴重後果，以及它和現代患心理症人數增加之間的關係進行了闡述。而我之所以要再次強調這件事，只是為了讓大家意識到，對文明社會性道德的改革已經迫在眉睫了。

海鴿文化出版圖書有限公司
Seadove Publishing Company Ltd.

作者　佛洛伊德
譯者　李慧泉
美術構成　騾賴耙工作室
封面設計　斐類設計工作室
發行人　羅清維
企畫執行　林義傑、張緯倫
責任行政　陳淑貞

出版　海鴿文化出版圖書有限公司
出版登記　行政院新聞局局版北市業字第780號
發行部　台北市信義區林口街54-4號1樓
電話　02-27273008
傳真　02-27270603
e - mail　seadove.book@msa.hinet.net

總經銷　創智文化有限公司
住址　新北市土城區忠承路89號6樓
電話　02-22683489
傳真　02-22696560
網址　www.booknews.com.tw

香港總經銷　和平圖書有限公司
住址　香港柴灣嘉業街12號百樂門大廈17樓
電話　（852）2804-6687
傳真　（852）2804-6409

出版日期　2022年01月01日　二版一刷
定價　260元
郵政劃撥　18989626　戶名：海鴿文化出版圖書有限公司

國家圖書館出版品預行編目資料

佛洛伊德的性學三論：戀愛心理學／佛洛伊德作．
－－ 一版，臺北市 ： 海鴿文化，2022.01
面 ； 公分.－－ （青春講義；127）
ISBN 978-986-392-401-2（平裝）

1. 性學 2. 性心理

172.7　110020439

Seadove

Seadove